Bíblia e economia

servir a Deus ou ao dinheiro

Françoise Mies (org.)

Bíblia e economia

servir a Deus ou ao dinheiro

Joëlle Ferry
Maurice Gilbert
Édouard Herr
Étienne Perrot
Justin Taylor

TRADUÇÃO

Maria Stela Gonçalves

Edições Loyola

Título original:
Bible et économie. Servir Dieu ou l'argent
© Éditions Lessius, Bruxelles/Presses Universitaires de Namur, 2003
ISBN 2-87299-124-7
www.pun.be

PREPARAÇÃO: Denise Ceron
DIAGRAMAÇÃO: Flávio Santana
REVISÃO: Maurício B. Leal

Edições Loyola
Rua 1822 nº 347 – Ipiranga
04216-000 São Paulo, SP
Caixa Postal 42.335 – 04218-970 – São Paulo, SP
(11) 6914-1922
(11) 6163-4275
Home page e vendas: www.loyola.com.br
Editorial: loyola@loyola.com.br
Vendas: vendas@loyola.com.br

ISBN: 978-85-15-03323-2

Transliteração do hebraico

א	'
ב	b
ג	g
ד	d
ה	h
ו	w
ז	z
ח	ḥ
ט	ṭ
י	y
כ/ך	k
ל	l
מ/ם	m
נ	n
ס	s
ע	ʻ
פ/ף	p
צ/ץ	ṣ
ק	q
ר	r
שׂ	ś
שׁ	š
ת	t

dageš: consoante dobrada

vogais longas com *mater lectionis*

וּ		û
וֹ		ô
ה	◌ָ	â
י	◌ֵ	ê
י	◌ֶ	ê
י	◌ִ	î

vogais médias

◌ָ	ā
◌ֹ	ō
◌ֵ	ē

vogais breves

◌ַ	a
◌ֶ	e
◌ִ	i
◌ָ	o
◌ֻ	u

vogais muito breves

◌ֲ	ă
◌ֱ	ĕ
◌ֳ	ŏ

šewa móvel: ◌ְ^{e}

Transcrição do grego

α	a	(ā)
β	b	
γ	g	
δ	d	
ε	e	
ζ	z	
η	ē	
θ	th	
ι	i	
κ	k	
λ	l	
μ	m	
ν	n	
ξ	x	
ο	o	
π	p	
ρ	r	
σ	s	
τ	t	
υ	y	
φ	ph	
χ	kh	
ψ	ps	
ϖ	ō	
ᾳ	āi	
ῃ	ēi	
ῳ	ōi	

espírito forte: h

Sumário

Prefácio

Françoise Mies

A Bíblia em Wall Street? Tão absurdo quanto estranho. E, contudo, a Bíblia é o livro mais vendido no mundo: um fenômeno editorial e econômico considerável. Só é necessário, para que se torne um fenômeno intelectual e social de envergadura, que ela seja lida...

Um dos propósitos dos ciclos das conferências bíblicas organizados todos os anos nas Facultés Universitaires Notre-Dame de la Paix e dos livros que retomam suas atas de forma aprofundada é precisamente a recusa de deixar a Bíblia fora do debate intelectual, bem como de confrontá-la com as diversas disciplinas praticadas na Universidade e de abrir caminhos. Depois de *Bíblia e história*, *Bíblia e direito*, *Bíblia e ciências* e *Bíblia e medicina* (publicados por Edições Loyola), temos diante de nós *Bíblia e economia*.

Servir a Deus ou ao dinheiro (cf. Mt 6,24; Lc 16,13)? A Bíblia nos convida a uma escolha entre dois senhores: "Onde está teu tesouro, aí também estará teu coração" (Mt 6,21). Mas esse apelo claro ao coração humano não significa ignorância ou rejeição da economia: o afastamento da economia assinalaria a obliteração de uma dimensão humana e o esquecimento do pobre. A Escritura não efetua esse afastamento. O homem bíblico é integral; está situado num contexto socioeconômico em que o dinheiro, quando existe, circula ou falta, no qual os bens circulam ou faltam, entre ricos e pobres, em tempos de abundância e de penúria; até nesse âmbito ele está à escuta de seu Deus. O homem de hoje, facilmente qualificado de *homo oeconomicus*, pode escolher não se esquecer da voz de seu Deus revelada na Escritura. Ele pode interrogar-se, com método, sobre as articulações e mediações possíveis entre um texto que permanece uma

Voz e teorias econômicas duplicadas de práticas. Dirigido por essa Voz, imperativa, sapiencial, profética, evangélica ou utópica, ele pode encontrar os recursos para discernir, imaginar ou protestar, a fim de voltar-se para uma nova ordem econômica pessoal e mundial. Pode a Bíblia contribuir para fazer da economia uma "produção ética"[1], para extrair seu sentido e inseri-la numa rede de finalidades?

Em sua primeira parte, este livro dá a palavra a biblistas e se interroga sobre "a economia na Bíblia". A economia como sistema é provavelmente anacrônica nos tempos bíblicos, e os conhecimentos atuais das práticas econômicas e das organizações sociais são relativamente reduzidos, sobretudo no que se refere ao Antigo Testamento. A Bíblia não apresenta nenhum tratado de economia e não propõe nenhum sistema econômico e social que possa gerar uma "economia judaica" ou uma "economia cristã". Mas isso não significa que ela permaneça muda sobre o assunto. Na segunda parte do livro, dá-se a palavra a economistas que são igualmente teólogos; eles se vinculam com "a Bíblia na economia", com a contribuição possível da Bíblia para a economia e com a significação desta de acordo com a teologia bíblica.

Abrindo o debate, Maurice Gilbert propõe uma reflexão sobre os ricos e os pobres nos livros de sabedoria do Antigo Testamento: os Provérbios, o livro de Jó, Eclesiastes e Eclesiástico — o livro Sabedoria não evoca o tema. Interrogar os sábios acerca da economia é algo relativamente inesperado, mas rico em ensinamentos: o propósito desses livros é precisamente transmitir uma sabedoria em vários aspectos universal. De acordo com tal sabedoria, a busca da riqueza não passa de vaidade e perseguição do vento, o dinheiro, mesmo que não corrompido, não traz felicidade, e é sábio não desejar riqueza nem pobreza e rejubilar-se com o que se recebe. Conforme a sabedoria bíblica, ricos e pobres são iguais diante de Deus porque ele criou todos os homens e, com base na teologia da criação, suas exigências são bem mais rígidas do que as do decálogo. Não basta não roubar; com base nessa sabedoria vê-se de fato, com toda a lucidez, que o pobre não tem valor na sociedade e, não obstante, reafirma-se a importância da sabedoria do pobre, que pode ensinar os maiores; a partilha entre ricos e pobres não é um destino, mas fruto da opressão, que pode ser estrutural a ponto de fazer pender a balança dos tribunais. Nos livros de sabedoria, propõe-se um discernimento

1. Segundo a expressão de M. Albert, em Commission Sociale de L'Épiscopat Français, *Sur l'économie. La parole au peuple de Dieu*, trabalhos apresentados por J.-Y. Calvez, Paris, Centurion, 1987, p. 172 (col. Documents d'Église).

sobre as práticas ligadas ao dinheiro, à esmola, ao empréstimo, à caução ou à dívida; conhece-se a compaixão, a partilha do sofrimento dos pobres, o Deus pai dos mais vulneráveis da sociedade, no âmbito de uma sabedoria de acentos proféticos que Gutiérrez tão bem valorizou em seu *Job*[2].

A esse conhecimento do coração do homem tão inclinado a oprimir e a perder-se em seus desejos, a esse íntimo conhecimento do viver em comum, a esse apelo a viver as relações econômicas diante de Deus, na liberdade interior e na solidariedade, no "temor do Senhor", a todos esses aspectos os profetas acrescentam a denúncia das práticas iníquas. Joëlle Ferry mostra isso estudando os escritos dos profetas do século VIII, Isaías, Amós e Miquéias. "A justiça é o que costuma faltar e a injustiça, aquilo que reina"[3]. Isso leva Paul Ricoeur a dizer que é a injustiça a primeira a pôr em movimento o pensamento dos filósofos. O mesmo acontece com os profetas. Sua missão não é elaborar um sistema socioeconômico, mas ser a consciência crítica de seu tempo, denunciar as injustiças que estejam ocultas na legalidade ou justificadas teologicamente. Se o direito pode ser um "conector" da ética[4], o legal não é necessariamente moral, e a justificação teológica da opressão é sempre ilegítima; ela violenta o próprio Deus, que se identifica com a causa dos pobres. Joëlle Ferry conclui seu estudo mostrando a posteridade desses textos proféticos; nos últimos cinco anos, sua repercussão foi considerável na Igreja.

No âmbito do Novo Testamento, o biblista e historiador Justin Taylor aborda a primeira comunidade cristã de Jerusalém tal como descrita nos Atos dos Apóstolos. Os Atos testemunham não uma, mas ao menos duas maneiras diferentes de comunhão de vida e de bens, atestadas nos Evangelhos.

A comunidade de vida podia ser no sentido estrito, e os futuros discípulos vendiam seus bens para nela entrar, sendo os produtos da venda distribuídos segundo as necessidades de cada um. Podia também ser espiritual, caso em que o direito de propriedade permanecia intacto, mas o uso dos bens era aberto a todos os membros. Esses modos de vida têm algum parentesco com o dos essênios, e as remissões literárias dos Atos ao Antigo Testamento e

2. G. Gutiérrez, *Job. Parler de Dieu à partir de la souffrance de l'innocent*, trad. Ch. e L. Durban, Paris, Cerf, 1987 (col. Théologies).

3. P. Ricoeur, *Soi-même comme un autre*, Paris, Seuil, 1990, p. 231.

4. Cf. F. Mies, Prefácio, in F. Mies (org.), *Bíblia e direito. O Espírito das leis*, São Paulo, Loyola, 2006, p. 12-15, sobre a sugestão de F. OST, Declarareis santo o qüinquagésimo ano. Reflexões sobre o tempo resgatado, in F. Mies (org.), *Bíblia e direito*, p. 48-65.

à literatura grega podem significar que os primeiros cristãos realizavam os ideais ao mesmo tempo bíblicos e gregos, mas suas comunidades se fundiam principalmente no Cristo ressuscitado. A descrição feita em Atos não é ideal, mas parece refletir de fato modos de vida históricos dos primeiros cristãos. Estes se tornaram um modelo socioeconômico inspirador ao longo dos séculos, uma utopia sugestiva e operacional.

Étienne Perrot retoma o tema e propõe a leitura de diversos textos bíblicos sobre o dinheiro. Ele estuda primeiramente três injunções bíblicas fundamentais, a interdição do empréstimo a juros, a prescrição da anulação da dívida e o mandamento da gratuidade do serviço da fé. Interroga em seguida o sentido do dinheiro, o qual o economista não pode descobrir em sua disciplina, que não conhece o dinheiro como tal, mas apenas a moeda.

A Bíblia é precisamente suscetível de desvelar alguns dos sentidos possíveis do dinheiro. Seria anacrônico dizer que ela manifesta o dinheiro como nervo da guerra, da economia ou da paz social, mas desvela suas dimensões territorial, social ou religiosa, seu valor de antecipação de um mundo vindouro. Nas entrelinhas, o leitor observará o elevado número de ocorrências em que Jesus fala de dinheiro: parábola do dracma perdido, parábola dos trabalhadores da undécima hora em torno de um denário, parábola dos talentos, parábola das minas, parábola do bom samaritano e suas duas moedas de prata, a didracma à guisa de imposto do Templo, o tributo a César etc. Para os Evangelhos, o dinheiro se reveste de um sentido que, manifestamente, supera em larga medida seu valor monetário.

Por fim, Édouard Herr propõe um estudo sobre a Bíblia e a mundialização. A relação entre os dois não pode efetuar-se sem mediação, a qual o autor encontra na ética, em particular nas noções de universalidade e de integralidade e no planejamento dos meios para esse fim. Sendo a mundialização *de facto* o alastramento do capitalismo, pode ser definida como um "processo de destruição criativa" que se mostra eficaz na aquisição do poder e da riqueza e que pode dar à liberdade os meios de realizar-se.

Ainda é preciso que a mundialização seja verdadeiramente universal — integrando todos os seres humanos —, que seja integral — respeitando todas as pessoas — e que seja concebida como um meio organizado para seu fim. Ora, a Bíblia, como história santa que culmina em Jesus Cristo, constitui precisamente uma proposição de aliança universal e integral, fim da humanidade. Aliança universal por ser fundada numa teologia da criação em que todo ser humano é criado por Deus; aliança integral, já que é fundada numa teologia da encarnação, de acordo com a qual Deus se encarna em todas as dimensões do humano, inclusive a econômica. A teologia bíblica fala naturalmente de economia divina, revelando-se Deus ao homem à medida que este compreende a divindade no decorrer da história.

Édouard Herr mostra como uma teologia bíblica da criação, da encarnação e da Trindade é capaz de integrar a economia e a mundialização na construção do reino, do corpo de Cristo. A história santa não esclarece apenas a humanidade e o processo da mundialização: ao dar-lhes o estatuto de criaturas e de filhos, torna os humanos capazes de ordenar a mundialização para esse fim.

Ricos e pobres
Reflexões dos sábios da Bíblia

Maurice Gilbert

Um dos fatos mais escandalosos de nossa sociedade, sobretudo no plano mundial, é a existência do fosso que separa os ricos dos pobres. Não é provavelmente exagerado dizer que foi sempre assim. Que diz a Bíblia sobre essa disparidade entre os seres humanos e, em particular, como reagiram a isso os sábios, os mestres do pensamento no Antigo Testamento? Seus textos devem ser lidos de acordo com o contexto. As pesquisas históricas e sociológicas, alicerçadas pelas descobertas arqueológicas, esclarecem até certo ponto os textos bíblicos. No povo da Bíblia havia ricos e pobres. Para estudar a mensagem bíblica sobre esse fato, destacaremos aqui a contribuição de quatro dos cinco livros de sabedoria do Antigo Testamento.

I
No livro dos Provérbios

Há dois decênios, no mínimo, vários exegetas, sobretudo de língua inglesa, propuseram análises complementares da sabedoria dos Provérbios sobre as relações entre ricos e pobres. O vocabulário utilizado foi estudado[1]. Procurou-se verificar[2] se as diferentes coleções que compõem o livro tradicional dos Provér-

1. J. D. Pleins, Poverty in the Social World of the Wise, *Journal for the Study of the Old Testament*, 37 (1987) 61-78.
2. Pode-se encontrar uma breve síntese da pesquisa em R. E. Murphy, *Proverbs,* Nashville, Nelson, 1998, p. 260-264 (col. Word Biblical Commentary, n. 22).

bios, editado depois do retorno do exílio na Babilônia, ou seja, provavelmente durante o século V a.C., propõem a mesma mensagem ou se cada uma apresenta uma abordagem particular desse fato da sociedade[3]. Não é possível em algumas poucas páginas proceder a um estudo desse tipo. Proporei simplesmente uma síntese que creio já esclarecida[4].

O livro dos Provérbios, por meio de sua escrita, pressupõe leitores instruídos, e hoje se reconhece que os sábios que publicaram esse livro faziam parte da elite social, sem por isso ser ricos, e que seu ensinamento era utilizado na formação da juventude afortunada da época.

"Mais vale adquirir sabedoria do que ouro" (Pr 16,16a; cf. 3,14-15; 8,11.19). É dada prioridade à sabedoria sobre a riqueza, e, sem dúvida, é a sabedoria que, aos olhos dos sábios, conduz ao enriquecimento: "Eu caminho pela trilha da justiça, e ando pelas veredas do direito, para levar riquezas aos que me amam e encher os seus cofres" (Pr 8,20-21). Isso não é questionado. Os sábios devem indicar aos jovens alunos os caminhos mais seguros para obter o sucesso, uma boa posição na sociedade e a fortuna. Portanto, estigmatizam alguns defeitos que arruínam um projeto desse tipo. Em primeiro lugar a preguiça. O sábio fez esta observação (cf. Pr 24,30-34): o campo ou a vinha de um preguiçoso deixara de receber cuidados e as urtigas a tudo tinham invadido. De que se nutrirá amanhã esse proprietário tão pouco dedicado a cuidar de sua terra?

> Dorme um pouco, cochila mais um pouco, depois cruza os braços para descansar ainda um pouco, e a miséria do vagabundo cairá sobre você, e a indigência o atacará como homem armado (Pr 24,33-34).

Esses mesmos versículos concluem também um conselho (cf. Pr 6,6-9.10-11): que o preguiçoso observe a formiga; ela aproveita o verão para armazenar o alimento de que terá necessidade no inverno. Quando o preguiçoso se levantará para pôr-se a trabalhar? Sua indolência imprevidente lhe custará caro.

Outros vícios provocam o mesmo resultado. Por exemplo, o mau hábito das festas: quem se regala com vinho e boa carne jamais enriquecerá. A indigência o espreita (cf. Pr 21,17). E também a precipitação ou os projetos irrealistas de quem "tem os olhos maiores do que o ventre".

---

3. N. C. Habel, Wisdom, Wealth and Poverty: Paradigms in the Book of Proverbs, in *Bible Bashyam*, 4 (1988) 26-49; R. N. Whybray, *Wealth and Poverty in the Book of Proverbs*, Sheffield, 1990 (col. Journal for the Study of the Old Testament, Supplement Series, n. 99).

4. Essa é também a opção de L. Mazzinghi, I saggi e l'uso della richezza: il libro dei Proverbi, *Parola, Spirito e Vita*, 42 (2002) 67-82.

Uma fortuna rapidamente adquirida não tardará a desvanecer-se de modo rápido, enquanto aquele que ajunta passo a passo acabará por enriquecer (cf. Pr 13,11). Quem cultiva seu campo se saciará de pão; quem busca ilusões se saciará de miséria (cf. Pr 28,19). O ambicioso corre atrás da riqueza e não sabe que trilha um mau caminho; obterá a miséria (cf. Pr 28,22).

A pobreza gera uma multiplicidade de desenganos que os sábios se contentam primeiramente em observar. Fazem-no para desviar disso seus alunos, esses filhos afortunados? O pobre não tem defesa. É a própria miséria que o põe em perigo. Em contrapartida, a fortaleza do rico é sua fortuna (cf. Pr 10,15).

O pobre está encerrado em sua solidão. Enquanto o rico se vê cercado de amigos, o pobre se torna odioso para seu parente e até seu amigo o evita. Dois provérbios (Pr 14,20; 19,4) recordam esse triste comportamento dos seres humanos. Outro pondera:

> Todos os irmãos do pobre o odeiam, e muito mais se afastam dele os amigos (Pr 19,7).

O pobre está à mercê do rico, que o despreza:

> O pobre fala suplicando, e o rico responde com dureza (Pr 18,23).

De todo modo, o dinheiro torna alguém tão poderoso que o rico domina o pobre e um devedor se transforma imediatamente no escravo de seu credor (cf. Pr 22,7).

No entanto, não devemos confiar nas aparências, pois a riqueza tem seu cortejo de preocupações:

> Mais vale o pouco no temor de Iahweh
> do que grandes tesouros com inquietação.
> Mais vale um prato de legumes com amor
> do que um boi cevado com rancor (Pr 15,16-17).

Esses dois provérbios complementares inspiram-se no ensinamento egípcio de Amenemope (cap. VI, 9,5-8):

> Mais vale a pobreza na mão do deus
> que as riquezas num porão.
> Mais vale um pedaço de pão com o coração feliz
> que riquezas com tormentos[5].

A pobreza aceita com um espírito religioso é preferível à riqueza que se

5. Tradução de J. Lévêque, *Sagesses de l'Égypte ancienne*, Paris, Cerf, 1983, p. 58 (col. Cahiers Évangile, Suppléments, n. 46). Ver também H. C. Washington, *Wealth and Poverty in the Instructions of Amenemope and the Hebrew Proverbs,* Atlanta, Geórgia, Scholars Press, 1994, especialmente p. 103-104 (col. Society of Biblical Literature, Dissertation Series, n. 142).

tem medo de perder. O texto bíblico do segundo provérbio (Pr 15,17) enfatiza as relações interpessoais, que podem variar de caso para caso: um prato frugal servido com amizade ou um festim de ricos em que reina a tensão, como o oferecido na volta do filho pródigo da parábola (Lc 15,23-32).

As aparências enganam, pois cada um pode esconder seu jogo:

> Muitos se fingem de ricos e nada têm;
> outros parecem pobres e possuem muitos bens (Pr 13,7).

Às vezes, um pobre é mais perspicaz do que um rico pretensioso; este se julga sábio porque a fortuna lhe sorri:

> O rico se considera sábio,
> mas o pobre inteligente o desmascara (Pr 28,11).

O que fazer, acaso se sabe? Despender os bens ou acumulá-los sem neles tocar? Vejamos como verdadeiramente fazer fortuna:

> Há quem dê generosamente e sua riqueza aumenta ainda mais;
> e há quem acumule injustamente e acaba na miséria (Pr 11,24).

Um, gastador e generoso, enriquece; o outro, avarento, cai na miséria. É possível compreender isso em termos modernos: um investe e ganha; o outro entesoura e perde.

Os sábios acrescentam a essas simples observações algumas reflexões baseadas nas qualidades morais de uns e dos outros, visto que a riqueza nem sempre tem origem honesta:

> Mais vale pouco com justiça
> do que muitos ganhos violando o direito (Pr 16,8).

Um homem pobre e honesto merece mais estima do que um trapaceiro que, por seu jogo duplo, consegue enriquecer (cf. Pr 28,6).

O sedento de riquezas entretém-se com ilusões, pois o reverso da fortuna pode chegar de maneira muito rápida. O tema é antigo; é encontrado também no ensinamento de Amenemope (cap. VII, 9,10-15), que aborda o falecimento abrupto do amante da riqueza e exorta a contentar-se com aquilo de que se dispõe. Nosso sábio bíblico aconselha a ter a inteligência de acabar com essa corrida desenfreada em busca de riqueza, transpondo depois um pequeno quadro que encontrou no Amenemope (cap. VII, 9,16-10,5)[6]:

> Ergue os olhos para ela, ela não está mais ali,
> pois sabe criar asas para si
> como a águia que voa para o céu (Pr 23,5).

6. Cf. J. Lévêque, *Sagesses de l'Égypte ancienne*, p. 58.

Há algo mais grave. De uma forma ou de outra, os ricos podem oprimir os pobres:

> O povo amaldiçoa quem monopoliza o trigo,
> e há bênção para quem o põe no mercado (Pr 11,26).

> O malvado que oprime os fracos
> é chuva devastadora que deixa sem pão (Pr 28,3).

Em Provérbios 28,15, o homem malvado que governa um povo pobre é comparado com um leão rugidor ou com um urso faminto.

Para os sábios, a pior das raças é aquela

> [...] que tem dentes como navalhas
> e queixos como punhais,
> para eliminar da terra os pobres
> e do meio do povo os indigentes (Pr 30,14).

Compreende-se, então, o conselho dado aos juízes que se assentam nos tribunais:

> Não explores o fraco, por ser fraco,
> nem oprimas o pobre no tribunal,
> pois Iahweh defenderá a causa deles
> e tirará a vida daqueles que os tiverem oprimido (Pr 22, 22-23).

Observa-se a motivação teológica tradicional segundo a qual o Senhor protege os fracos e pune os culpados. Por sua vez, aquele que possui meios deve dar esmolas:

> Quem despreza o seu próximo fracassa,
> mas quem tem compaixão do pobre é feliz (Pr 14,21).

> O generoso será abençoado,
> porque reparte seu pão com o pobre (Pr 22,9).

A importância dessa atenção dada aos pobres aparece de maneira singular no retrato da mulher forte que encerra o livro dos Provérbios (Pr 31,10-31). Essa grande dama, esposa e mãe excepcional, encarna de algum modo a Sabedoria que a habita. Trata-se do elogio a uma mulher de boa estirpe que dirige uma empresa doméstica de têxteis. Ora, no centro desse retrato, ela aparece trabalhando com as próprias mãos, fiando a lã e o linho; depois, com formas verbais paralelas[7], indicam-se os primeiros beneficiários de sua atividade manual (Pr 31,20):

> Ela estende a mão ao pobre
> e ajuda o indigente.

Inversamente:

> Quem tapa o ouvido quando o fraco suplica

7. Ver M. Cholin, Structure de Proverbes 31,10-31, *Revue Biblique*, 108 (2001) 331-348, espec. 334-335,344.

> não terá resposta quando clamar (Pr 21,13).

Quem se espantará se o homem insensível ao desamparo de outrem não encontrar apoio algum no dia em que cair na miséria? Ele não colherá senão o que plantou. Esse provérbio observa; não aprova necessariamente.

A maldade pode também manifestar-se sem moderação, mas o julgamento que o sábio apresenta tem grande força teológica:

> Quem oprime o fraco ofende a Deus,
> mas quem se compadece do indigente
> honra o Criador (Pr 14,31).

> Quem zomba do pobre insulta o Criador,
> quem ri do infeliz não ficará sem castigo
> (Pr 17,5).

Há por trás dessa motivação teológica a convicção de que o Senhor governa o mundo dos seres humanos e restituirá a cada um segundo seus atos. Trata-se da doutrina clássica da retribuição terrestre, que tem sua formulação mais incisiva em Provérbios 10,2:

> Tesouros injustos não trazem proveito[8].

Mas Jó, com base na mesma observação dos fatos, contesta essa simplificação jamais questionada pelos sábios dos Provérbios, na importa o que se diga[9]. Foram eles de fato sensíveis às condenações que os profetas proferiram com virulência contra os ricos opressores? Há razão para dúvida nesse caso. Com efeito, para esses mestres da sabedoria:

> Rico e pobre se encontram:
> foi Iahweh quem fez os dois (Pr 22,2).

> O pobre e o opressor se encontram,
> mas é Iahweh quem dá os olhos para os dois (Pr 29,13).

Será isso mais que um convite dirigido aos filhos dos ricos? Que eles reconheçam nos pobres a dignidade de filhos de Deus e seu direito à vida!

Em suma, os sábios dos Provérbios mostram aos jovens de famílias abastadas os defeitos que os podem levar ao fracasso. Ensinam-lhes também o respeito ao fraco e ao pobre, exortando-os a ajudar os necessitados. Os sábios compreendem que a penúria dos pobres costuma advir de ricos opressores. Por isso, criticam estes e advertem implicitamente seus ouvintes, futuros detentores do poder, para os prejuízos advindos de seus possíveis

---

8. Essa é a tradução de M. Pagnol, *Topaze*, Paris, Fasquelle, 1930, p. 72. Peça em quatro atos, ato 1, cena 12.
9. Ver R. C. van Leeuwen, Wealth and Poverty: System and Contradiction in Proverbs, *Hebrew Studies*, 33 (1992) 25-36, espec. 29.

abusos. Mas eles não vão longe nesse caminho da justiça social. Os profetas proferem outro discurso, com palavras muito mais incisivas.

No entanto, o livro dos Provérbios transmite uma oração única em muitos aspectos (Pr 30,7-9):

> Eu te peço duas coisas, ó Deus,
> Não me negues isto antes de eu morrer:
> [...] não me dês riqueza nem pobreza.
> Concede-me apenas o meu pedaço de pão,
> para que, saciado, eu não te renegue, dizendo:
> "Quem é Iahweh?"
> Ou então, reduzido à miséria, chegue a roubar
> e profanar o nome de meu Deus.

Nem o luxo nem a indigência, mas o necessário para viver com modéstia. Palavra de sábio. Quem poderá retomá-la lealmente por sua conta? É esse o caminho que leva a uma autêntica justiça social.

II
No livro de Jó

Tomado em sua totalidade, o livro de Jó, datado comumente da primeira metade do século V a.C., tende a mostrar que o Senhor não deixa o justo cair definitivamente na miséria. Ainda que lhe ocorra passar pela prova, o justo conhecerá um fim venturoso. De certa forma, trata-se da tese clássica da retribuição terrestre: o justo será feliz. Temos aí talvez uma concessão do autor que não ousou chegar ao fim da problemática que abordou.

Vejamos como Jó, o justo detentor de riqueza e de felicidade, comportava-se com relação aos pobres. Sabemo-lo sobretudo por sua apologia (Jó 29-31), ao final dos diálogos que teve com seus amigos. Tal como um patriarca, ele era respeitado por todos e objeto de homenagens. Eis a razão:

> Pois eu libertava o pobre que pedia socorro
> e o órfão indefeso.
> Eu recebia a bênção do moribundo
> e alegrava o coração da viúva.
> Eu vestia a justiça como túnica,
> e o direito era o meu manto e o meu turbante.
> Eu era os olhos do cego
> e os pés do coxo.
> Eu era o pai dos pobres
> e me empenhava pela causa de um desconhecido.
> Eu quebrava o queixo do injusto
> e arrancava a presa de seus dentes (Jó 29,12-17).

Por conseguinte, ele praticava aquilo que, no Oriente Próximo antigo, fazia parte da função real: a justiça que socorria todos os desfavorecidos e os protegia das malversações das pessoas iníquas. Jó tinha por função restabelecer a justiça social. Mergulhado na infelicidade, ele pôde então voltar a dizer em forma de questionamento:

> Não chorei com o oprimido?
> Não tive compaixão do indigente? (Jó 30,25).

Tão convencido estava ele de sua ruína que a inocência se manifestava em sua piedade pelos infelizes: sua riqueza e sua felicidade não haviam feito dele um insensível à desventura do outro. De maneira ainda mais clara, quando enfim jura solenemente que é inocente, ele afirma que não abusou de seu poder e de sua fortuna para ignorar os direitos de sua serva e de seu servo, visto que um mesmo Deus os formara, tanto aqueles como ele, nem para extorquir os produtos da terra a um proprietário sem pagar-lhe o justo preço, nem para destruí-lo (Jó 31,13-15.38-40). Depois ele acrescenta a propósito das vítimas da economia:

> Por acaso neguei o que o fraco desejava
> ou deixei a viúva consumir-se em pranto?
> Comi sozinho o meu pedaço de pão
> sem reparti-lo com o órfão?
> Desde a minha infância Deus me criou como pai
> e desde o seio materno me guiou!
> Por acaso vi um miserável sem roupa
> e algum indigente sem cobertor,
> sem que suas costas me agradecessem,
> aquecidas com a lã das minhas ovelhas?
> Levantei a mão contra um órfão,
> quando eu tinha influência no tribunal?
> (Jó 31,16-21).

A inocência e a justiça de Jó eram virtudes vivenciadas no plano social; ele ajudava os desfavorecidos e lhes fazia retamente justiça. Sua riqueza servia para subvencionar as necessidades dos pobres, e seu poder, quando das assembléias judiciárias, nunca foi usado para corromper o direito de um órfão. Em suma, Jó estava consciente de que não podia ser acusado de recusa de assistência a pessoas em perigo ou em aflição, mas, além disso, de que não era culpado de injustiça formal, mesmo secreta, quando se sentava no tribunal.

Agora que ele conheceu a desventura, a miséria, o isolamento e o sofrimento, seus amigos, que sustentam a doutrina clássica, afirmam que Jó foi aniquilado como punição divina por não ter sustentado o miserável quando era rico. É o que pensa Elifaz (Jó 22,6-9), mas não prova. E é ainda a Jó que Sofar dirige o terrível quadro em que pinta a ruína do mau rico que Deus pune (Jó 20).

O que pode responder a isso o justo sofredor? Simplesmente que os fatos contradizem a teoria tradicional. Esta não pode ter valor absoluto, pois há ricos maus e ímpios que não são perturbados e são honrados até depois da morte (Jó 21,7-13.32-33). Isso deixa Jó escandalizado. Em contrapartida, e isso é igualmente escandaloso, a opressão de que os pobres são vítimas não é reprimida:

> Deslocam-se os marcos dos terrenos,
> conduzem-se a pastar rebanhos surrupiados;
> leva-se embora o jumento que é do órfão,
> toma-se em penhor o boi que é da viúva.
> Os indigentes são descartados do caminho,
> todos os pobres da terra têm de se esconder.
> Como asnos selvagens no deserto,
> saem cedo para o trabalho, em busca de comida;
> é a estepe que dá alimento aos seus filhos.
> Nos campos cortam para si alguma forragem,
> rebuscam a vinha do mau.
> Por lhes faltar a roupa passam a noite nus
> e contra o frio não têm como se cobrir.
> Ficam encharcados da chuva das montanhas
> e, não tendo abrigo, estreitam os rochedos.
> Arranca-se o orfãozinho do peito materno
> e toma-se penhor daquele que é pobre.
> Mandam-no andar nu, não lhe deixando roupa;
> aos famintos ordena-se que carreguem os feixes.
> No sítio dos outros vão espremer azeite,
> e os que pisam o lagar passam sede.
> Na cidade os mortais se lamentam;
> dos feridos sobe urrando o estertor,
> mas Deus está surdo a essa infâmia (Jó 24,2-12).

Em hebraico, essa passagem é difícil e, em muitas partes, controversa. Apesar das divergências de detalhes entre comentadores, pode-se reconhecer que aqui Jó, decaído e excluído, olha essas pobres pessoas com compaixão. Ele se tornou o irmão dos pobres e compartilha concretamente a miséria destes[10], embora diga claramente que os sofrimentos dos pobres são provocados por ricos que os oprimem. Esses ricos roubam e espoliam os pequenos agricultores, beneficiam-se

10. Ver sobretudo G. Gutiérrez, *Job. Parler de Dieu à partir de la souffrance de l'innocent*, Paris, Cerf, 1987, p. 73-96 (col. Théologies).

da fraqueza da viúva e do órfão, não se envergonham de arrebatar bebês de peito à guisa de garantia para uma fatura não paga por pais desprovidos de posses, contratam operários para a colheita ou para a vindima sem remunerá-los. E cabe a Jó interpretar: Deus está surdo a seus gritos de socorro! Essa é a realidade social que Jó observa e, em sua aniquilação, compreende ainda melhor.

Aqui, o tom se torna quase profético. Implicitamente, Jó condena seus opressores, mas os profetas serão mais explícitos e não pouparão suas invectivas diretas contra uma classe desse tipo.

Deve-se considerar ainda, a propósito desse texto, que, apesar do tom de reprovação que recorda certos aspectos do tom dos profetas, Jó observa longamente que há opressores dos pobres e compreende que Deus cede. A razão disso consiste em que esse livro é uma obra sapiencial na qual a discussão teológica é central. Discutem-se aspectos da doutrina, e Jó quer mostrar que a teoria clássica da retribuição terrestre não é comprovada pelos fatos. Ele se detém nisso, ainda que não obtenha para si nenhum alívio. O que parece faltar, e que os profetas acrescentarão com relação aos opressores, é que eles devem acabar com suas malversações e converter-se.

Um último texto merece ser citado. Quando compara sua situação de miséria com o tempo de sua fortuna (Jó 30), Jó se queixa de ser o motivo das risadas dos moleques, que o tomam como tema de zombarias. Quando era um senhor respeitado por todos, em particular pelos notáveis, Jó não tinha pelos pais desses garotos senão desprezo:

> Agora, porém, zombam de mim
> pessoas mais jovens que eu,
> cujos pais eu teria desdenhado contar
> entre os cães de meu rebanho.
> Que teria eu feito com o esforço de seus braços,
> desses homens cujo vigor já pereceu?
> Pela miséria e pela fome ressequidos (Jó 30,1-3a).

As imagens são fortes, até brutais. Os pais desses moleques não passavam de pobres-diabos, vagabundos não inseridos na sociedade e fracos demais para o trabalho. Os próprios cães eram mais úteis para reunir os rebanhos. Nesse caso, o rico proprietário não tinha o que fazer com aqueles excluídos. Mas a situação se inverteu e Jó está na parte inferior da escala social, doente e excluído. E, quando os filhos daqueles que ele outrora desprezava zombam dele, é o avesso do mundo que Jó vê; agora esses malandros são de algum modo superiores a Jó. Ele começa então a rugir contra os jovens que o fustigam:

> São banidos da sociedade humana,
> que os vaia como a ladrões;
> abrigam-se no flanco dos precipícios,
> nos antros da terra e nas cavernas.

Do meio dos arbustos sai seu bramido,
debaixo dos espinheiros se amontoam,
filhos do infame, filhos do sem-nome,
expulsos da terra a cacetadas.
Eu agora sou tema de suas trovas,
eis-me transformado em sua zombaria.
Eles me abominam e ficam longe,
sem inibição cospem no meu rosto.
Visto que Deus soltou meu arco e me derrubou,
eles se desenfreiam diante de mim.
À minha direita levanta-se a canalha;
fazem-me arredar pé,
abrem acesso para me pôr a perder.
Eles me impedem a retirada,
ocupam-se de minha ruína;
não precisam de socorro (Jó 30,5-13).

Observa-se com clareza que não se trata de pobres, de miseráveis, mas de infames indivíduos, da canalha, de ladrões que a sociedade não pode nem quer integrar, pois os teme. Mas a leitura do texto faz ver que não se trata propriamente de ladrões. De acordo com o texto, a sociedade "os vaia como a ladrões", o que é diferente. Para esses filhos de infames, infames por sua vez, Jó caiu mais baixo do que eles. A situação se inverteu. O rico de ontem, que desprezava os pais deles, está arruinado e aviltado mais do que eles. Pior, eles tornaram-se os opressores de Jó. "Não precisam de socorro", conclui o infeliz abandonado a seus sarcasmos e a suas malevolências. Demasiadamente decaído para reagir de outro modo, Jó nada tem a fazer senão observar o que precisa suportar. Ninguém intervém, nem Deus nem uma alma caridosa. Ele tem assim a terrível experiência da opressão sem saída. Partilha verdadeiramente o destino dos mais infelizes e de sua boca não saem mais do que queixas e desgosto. "Não precisam de socorro." O autor do livro nos leva a apreender até onde pode ir a decadência humana. Mesmo infames moleques se tornaram os senhores de um desventurado sem defesa, que outrora olhava do alto seus pais por serem fracos demais. É exagerado dizer que Jó sofre o destino que infligira outrora aos pais dos que o insultam? Exagerado, de fato, pois Jó não agredia os pais daqueles meninos; apenas os julgava incapazes para o trabalho. Agora paga caro seu antigo julgamento.

III
No livro de Eclesiastes

O Coélet ou Eclesiastes surgiu provavelmente em meados do século III a.C., na época em que Jerusalém estava sob o domínio dos reis Lágides, do Egito.

Trata-se de um texto difícil. O pensamento do autor, expresso por pinceladas freqüentemente obscuras, está sujeito a muitas interpretações. A propósito da riqueza e da pobreza, será proposta aqui uma das opções possíveis. De todo modo, para Coélet, são as incoerências da existência que chamam a atenção. Que sentido têm elas?

Desde o início de seu livro, Coélet reflete sobre a experiência de Salomão, a figura emblemática do sábio em Israel. No entanto, em que desemboca a sabedoria? O que restou dela? Salomão, segundo o livro dos Reis, acabou por cometer erros e mesmo faltas, tanto no plano de seu governo como em sua vida moral e religiosa, que empanou sua glória. Pior ainda, seu sucessor não se beneficiou da sabedoria do pai, sendo um caso típico de príncipe limitado, embora o reino unificado por Saul e Davi tenha se dividido definitivamente. Além disso, Salomão era rico e não recusou nada. É certo que teve grandes dificuldades para manter sua sabedoria, mas, diz Coélet (Ecl 1,18), "onde há muita sabedoria há também muita tristeza". Quanto à sua fabulosa riqueza, não lhe trouxe felicidade, pois, de todo modo, ele teve de deixá-la a seu sucessor. E não será este um homem estúpido? Além disso, quer sejamos sábios, quer insensatos, morreremos de qualquer maneira, e o esquecimento acaba por envolver tanto uns como os outros. Afinal de contas, é melhor buscar a felicidade em prazeres simples que a mão do Senhor oferece a cada um: comer e beber, assim como trabalhar bem e com alegria, seja qual for o resultado. Em suma, a aquisição de riqueza não tem nenhum sentido. É vaidade!

Outro tema de reflexão: a justiça dos tribunais. De fato, é a injustiça que abriga e pronuncia o veredicto. Não há dúvida de que, em última análise, é Deus que julga o justo e o mau, mas, à espera disso, os homens agem como verdadeiros animais com seus semelhantes (Ecl 3,16-18). A opressão reina. "Eis as lágrimas dos oprimidos, mas não há nenhum consolador e a força se acha do lado dos opressores" (Ecl 4,1). Por conseguinte, teria sido preferível não ter nascido. "Todo êxito não passa de inveja de um pelo outro" (Ecl 4,4). Que vaidade! Que absurdo!

A opressão parece de fato estrutural. Vemos o indigente oprimido, o direito e a justiça violados. Não nos surpreendemos com isso porque quem decide infelizmente está submetido a uma autoridade superior, que depende de um outro superior hierárquico, e assim por diante. E todos tiram proveito da terra, o próprio rei no ápice da escala (cf. Ecl 5,7-8). Em resumo, é ele que se beneficia mais segundo seus bens disponíveis fornecidos pela agricultura, provedora essencial da fortuna na época.

Tomemos outro caso. Por um lado, um rei senil e estúpido que não segue o conselho de ninguém e, por outro, um rapaz pobre, mas sábio. Este, quer tenha saído da prisão, como José no Egito, para chegar ao poder, quer seja um mendigo desde o nascimento, é seguido pela multidão sem nome quando assume o poder. Mas é útil dizer que esse rapaz pobre e sábio é preferível ao velho rei que só segue sua cabeça? A posteridade se felicitará por esse usurpador? Terá ele verdadeiramente levado a situação a mudar? Quem o sabe? Então para quê? Vaidade, visto que, aclamando o rapaz pobre que se tornou príncipe, ninguém pode saber como isso acabará (cf. Ecl 4,13-16)[11].

Vejamos um caso análogo (Ecl 9,13-16). Eis que uma grande potência, usando poderosos meios, investe contra uma cidadezinha com poucos habitantes. A cidade parece perdida, mas um pobre astucioso consegue salvá-la, graças à própria sabedoria. Perfeito. Sim, mas em seguida se perdeu de vista esse pobre homem, foi ele esquecido ou nunca mais se recorreu a seus conselhos. Assim, embora se repita que a sabedoria tem mais valor do que a força, se não se escuta a sabedoria, que interesse pode ter ela? É costumeiro que se preste atenção à sabedoria vinda de um pobre?

A propósito do dinheiro, Coélet faz reflexões igualmente taxativas. Quem ama o dinheiro nunca o tem em quantidade suficiente (Ecl 5,9). O dinheiro atrai as pessoas, parasitas ou consumidores intempestivos. Belo espetáculo para o proprietário que dilapida a sua fortuna (Ecl 5,10). Quem procura ganhar ainda mais dinheiro não dorme mais, ao passo que um simples trabalhador, que tenha comido muito ou pouco, tem um doce sono (Ecl 5,11). E, se o homem rico faz um mau negócio, ei-lo arruinado em muito pouco tempo. Ele trabalhou duro para enriquecer e não lhe resta mais nada, o mesmo acontecendo a seu herdeiro. Para que então lhe serviu tanto trabalho? Ele acaba deprimido e descontente (Ecl 5,12-16). Por conseguinte, segundo Coélet, mais vale aproveitar sadiamente aquilo de que se dispõe, gastar as riquezas ponderadamente, visto ser Deus que as concede. Em suma, para que ficar rico (Ecl 5,17-19)?

E não se deve esquecer de que a riqueza pode acabar na mão de um estrangeiro, pois não é raro ver ricos espoliados

11. Para diferentes interpretações dessa passagem, ver A. G. Wright, The Poor But Wise Youth and the Old But Foolish King (Qoh 4: 13-16), in M. L. Barré (org.), *Wisdom, You Are My Sister.* Studies in Honor of Roland E. Murphy, Washington, D.C., The Catholic Biblical Association of America, 1997, p. 142-154 (col. The Catholic Biblical Quarterly, Monograph Series, n. 29); D. Rudman, A Contextual Reading of Ecclesiastes 4, 13-16, *Journal of Biblical Literature*, 116 (1997) 57-73.

por um invasor ávido (Ecl 6,1-2). Além disso, viram-se ricos que usufruíram de anos felizes acabar na miséria e, quando de sua morte, não ter sequer uma sepultura decente (Ecl 6,3-4). O que pensar de um pobre que sabe como comportar-se na sociedade, ou como enganar acerca de sua situação, ou que sabe enfrentar a vida tal como se impõe a ele (Ecl 6,8, no sentido controverso)?

O que Coélet propõe nessas análises é uma sátira do dinheiro, como o observa a *Bíblia de Jerusalém*, não a do proprietário corrupto, tal como o farão os profetas. Para nosso mestre de sabedoria, sejam quais forem a proveniência ou o uso dele feito, o dinheiro não é uma segurança para a vida nem uma fonte garantida de felicidade. "O dinheiro não traz felicidade"[12], dizemos nós.

IV
No livro do Eclesiástico

No primeiro quarto do século II a.C., Ben Sira, mestre de sabedoria em Jerusalém, reuniu e publicou seus ensinamentos em hebraico. Meio século depois, seu neto, estabelecido em Alexandria, deu-lhe uma tradução grega, que a Igreja recebeu em seu cânon das Escrituras e que serve de base às versões que encontramos em nossas Bíblias mais correntes. Com efeito, o original hebraico ficou perdido por muito tempo, e somente a partir de 1896 foram recuperados progressivamente dois terços dele.

Como seus predecessores, Ben Sira se preocupa com problemas suscitados pela riqueza e pela pobreza[13]. Não obstante, suas reflexões têm um caráter novo. Sem dúvida, como mestre de sabedoria, ele é uma pessoa instruída, sem contudo estar no ápice do poder na sociedade. Ele não é, propriamente falando, um rico, mas o fato novo é que seus discípulos, futuros sábios e escribas, não mais o serão.

Entretanto o mestre de sabedoria será consultado pelos detentores do poder. Ben Sira sabe que o sábio completo "trabalha entre os grandes" e que "sua presença será notada na presença de chefes" (Eclo 39,4), que talvez o

12. M. Pagnol, *Topaze*, p. 72.

13. Ver V. Morla Asensio, Poverty and Wealth: Ben Sira's View of Possession, in R. Egger-Wenzel, I. Krammer (orgs.), *Der Einzelne und seine Gemeinschaft bei Ben Sira*, Berlin/New York, Walter de Gruyter, 1998, p. 151-178 (col. Beihefte zur Zeitschrift für die alttestamentliche Wissenschaft, n. 270); B. G. Wright III, The Discourse of Riches and Poverty in the Book of Ben Sira, *Society of Biblical Literature. Seminar Papers Series*, 37, Atlanta, Georgia, Scholars Press, 1998, p. 559-578.

encarreguem de missões, mesmo no estrangeiro (cf. Eclo 39,4cd). O cargo de juiz pode em particular caber a ele em razão de sua competência. Pois "por sua palavra o sábio se promove, e o homem de bom senso agrada aos poderosos" (Eclo 20,27). Mas isso não deixa de envolver riscos, pois, como já observava Coélet (Eclo 7,7), um sábio chamado a julgar pode perder sua independência e sua integridade:

> Favores e presentes cegam o sábio:
> são mordaça na boca, porque impedem a repreensão (Eclo 20,29).

De igual modo, o sábio deve refletir com clareza antes de postular o cargo de juiz; terá ele força suficiente para conservar a imparcialidade exigida por uma função desse tipo?

> Não procures tornar-te juiz
> se não tiveres força.
> Do contrário, tu te acovardarás diante de um poderoso
> e mancharás a tua integridade
> (Eclo 7,6).

Cabe ao juiz exercer o direito integralmente, condenando a injustiça com inteira independência, mesmo que cometida por poderosos. Com efeito, só os ricos têm os meios de corromper o juiz ou simplesmente de intimidá-lo. Ben Sira dá a seu discípulo este conselho peremptório:

> Não sejas parcial em favor de um poderoso.
> Luta até a morte pela verdade,
> e o Senhor Deus combaterá por ti (Eclo 4,27b-28).

Estabelecer a verdade e pronunciar um julgamento justo é com freqüência travar um combate contra toda forma de distorção. O juiz íntegro sabe que o Senhor, que não discrimina pessoas (Eclo 35,15), será seu aliado.

Pode-se examinar outra situação, que envolve também os tribunais. O sábio entrará com processo contra um homem poderoso? É preciso avaliar os riscos, pois a imparcialidade do juiz não é garantida: o adversário é capaz de comprar uma sentença favorável a ele. Isso acontece tanto!

> Não brigues com homem rico,
> para que ele não coloque seu peso contra ti,
> pois o ouro já corrompeu muita gente
> e perverteu a consciência dos reis
> (Eclo 8,2).

Vemos, portanto, que, conforme Ben Sira, a lei deveria ser igual para todos, ricos ou pobres, mas faltava muito para que isso ocorresse em seu tempo. Fosse juiz ou parte, o sábio podia passar pela triste experiência do poder dos ricos e dos poderosos que procuravam corromper um julgamento para que a sentença fosse emitida em seu favor.

De todo modo, as relações entre um sábio e um homem rico nem sempre são aconselháveis. Convém ser prudente para não ter de pagar caro pelas ilusões (Eclo 13,8). Ben Sira descreve ferozmente o que pode acontecer (Eclo 13,4-7)[14]. As pessoas ricas tendem a crer que podem tudo. Alguns sinais de amizade de sua parte a alguém que não pertence a seu meio nem sempre são desinteressados. Aos olhos de um rico, a amizade é partilha: em troca de promessas lisonjeiras, ele porá a mão na bolsa de sua vítima, que, sem experiência e demasiadamente crédula, se deixará despojar. Encerrada a operação, o rico terá apenas desprezo pelo amigo que enganou sem vergonha e passará a evitá-lo.

A ponderação se impõe, portanto, e os encontros com pessoas poderosas não devem levar o sábio a entusiasmar-se demais (Eclo 13,9-11):

> Quando um poderoso te convidar, recusa com alguma desculpa,
> e ele te convidará com maior insistência.
> Não te entusiasmes muito para depois ser rejeitado,
> nem te mantenhas muito distante para não ser esquecido.
> Não te dirijas a ele de igual para igual,
> nem acredites em suas muitas palavras:
> com seu palavreado, ele te põe à prova e,
> mesmo sorrindo, está te examinando.

Atribui-se a Alexandre, o Grande, o conselho de abordar os príncipes como se faz ao se aproximar do fogo: suficientemente para se beneficiar de seu calor, mas mantendo algum distanciamento para não se queimar.

O sábio não é rico. Pode até não rolar no ouro e conhecer certa pobreza, mas não fazer senão mendigar para assegurar sua subsistência não é digno. Quem se respeita não pode viver à custa de outrem. O fruto de seu trabalho, por mais modesto que seja, deve atender a suas necessidades:

> Meu filho, não vivas mendigando,
> porque é melhor morrer do que mendigar (Eclo 40,28).

Comparado ao estrangeiro de passagem que um hospedeiro recebe generosamente quando há lugar, o pobre tem a vantagem de ter uma morada:

> É melhor ter vida de pobre embaixo de um barraco
> do que saborear comidas em casa alheia.

14. O texto desses versículos é bastante emaranhado. P. W. Skehan e A. A. Di Lella (*The Wisdom of Ben Sira*, New York, Doubleday, 1987, p. 149-153 — col. Anchor Bible, n. 39) propuseram para ele uma organização diferente daquela da versão grega.

> Com pouco ou muito, contenta-te,
> e não serás desprezado como estrangeiro
> (Eclo 29,22-23).

Uma boa saúde é um bem ainda mais valioso:

> É melhor um pobre robusto e sadio
> do que um rico cheio de doenças.
> Saúde e vigor valem mais do que todo
> o ouro do mundo,
> e é melhor um corpo robusto que uma
> enorme fortuna (Eclo 30,14-15).

Se consideramos o trabalho de cada um, precisamos primeiro ver com clareza uma diferença fundamental:

> O rico afadiga-se para acumular
> riquezas
> e, quando descansa, afoga-se em prazeres.
> O pobre se afadiga consumindo suas
> forças e
> quando descansa cai na miséria (Eclo
> 31,3-4).

Porém há mais. A fortuna apresenta inconvenientes. Causa muitas preocupações, e estas perturbam o sono; o rico se inquieta, preocupado em manter ou em aumentar seus bens (Eclo 31,1-2). Além disso, perseguindo o ganho por amor ao dinheiro, acaso não ficará o rico tentado um dia a praticar algum delito? Quando este é descoberto, o rico tem inevitavelmente a ruína diante de si. A corrida em busca do dinheiro é um chamariz, é uma armadilha para aquele que a ela sacrifica a própria honestidade (Eclo 31,5-7). Por isso, um rico íntegro é coisa rara, sobretudo quando sua riqueza serve para ajudar outrem. Ele não cede à tentação. Um homem como esse merece felicitações:

> Feliz o rico que se conserva íntegro
> e não corre atrás do ouro.
> Quem é esse homem? Nós o felicitamos,
> porque realizou coisa maravilhosa no
> meio de seu povo.
> Quem sofreu essa prova e se revelou
> perfeito?
> Tal fato será para ele motivo de glória.
> Quem podia violar a lei e não a violou?
> E quem podia fazer o mal e não o fez?
> A prosperidade dessa pessoa será garantida,
> e a assembléia celebrará a sua generosidade (Eclo 31,8-11).

Em particular, o comércio é um lugar de grande tentação. É certo que não se deve ter vergonha de tal atividade:

> Não te envergonhes da exatidão da
> balança e dos pesos,
> nem de adquirir muito ou pouco,
> nem da vantagem que os comerciantes
> tiram da venda (Eclo 42,4-5a),

Mas, como o observa ainda Ben Sira (Eclo 26,29-27,1), um comerciante não tardará a ganhar mais aumentando anormalmente o preço de venda de um produto e, caso só vise ao benefício, se tornará um homem impiedoso nos negócios. A que compará-lo? E quando esse comerciante desonesto for pego em flagrante?

> Entre as junturas das pedras finca-se a estaca,
> e entre a compra e a venda o pecado se infiltra.
> Se a pessoa não se apega com firmeza ao temor do Senhor,
> sua casa logo será destruída (Eclo 27,2-3).

A avareza é outro tema tratado por Ben Sira. À custa de nada gastar, os avarentos acabam por enriquecer. Seu projeto é remeter o gozo de seus bens ao dia em que considerarem tê-los adquirido de modo suficiente. Porém, quando chega esse dia, se chegar, eles ignoram quanto tempo lhes resta antes de morrer, deixando a outros sua fortuna (cf. Eclo 11,18-19). Jesus retoma esse tema numa de suas parábolas (Lc 12,16-21).

Mais adiante, Ben Sira traça o retrato do avarento:

> Quem é mau para si mesmo com quem será bom?
> Não aproveita sequer os próprios bens.
> Ninguém é pior do que aquele que maltrata a si mesmo.
> Essa é a recompensa de sua maldade.
> Se faz o bem, é por distração,
> mas no fim mostrará a sua maldade. [...]
> O avarento é cioso de seu pão
> e mesquinho em sua própria mesa (Eclo 14,5-7.10).

Trata-se de um invejoso do alimento de outrem que despreza seu próximo (Eclo 14,8). O sábio convida o discípulo a, em vez disso, gozar daquilo de que dispõe e a beneficiar o próximo (Eclo 14,11-16). Tanto para um como para o outro, a morte terá a última palavra (Eclo 14,17-19), mas, antes que ela os arrebate, que diferença entre a forma de viver de cada um deles! [15]

Vemos, portanto, que, de acordo com Ben Sira, o enriquecimento e todos os esforços para consegui-lo não são recomendáveis, sobretudo quando a eles se mesclam a falta ou o vício. Como diz Ben Sira, "a riqueza é boa quando é isenta de pecado" (Eclo 13,24a).

À real situação do pobre Ben Sira foi sensível. Ele opõe os ricos aos pobres, observando o desprezo e a opressão por parte dos primeiros, da qual os segundos são vítimas:

---

15. Ver, a propósito deste capítulo, M. Gilbert, Qohelet et Ben Sira, in A. Schoors (org.), *Qohelet in the Context of Wisdom*, Leuven, Peeters, 1998, p. 161-179, espec. p. 171-176 (col. Bibliotheca Ephemeridum Theologicarum Lovaniensium, n. 136).

Que paz pode haver entre a hiena e o cão?
E que paz pode haver entre o rico e o pobre?
Os leões caçam os asnos selvagens,
e os ricos caçam os pobres.
Para o orgulhoso, a humildade é humilhação,
E para o rico o pobre é detestável (Eclo 13,18-20).

Além disso, os ricos são adulados e os pobres, desprezados e escarnecidos, mas as reações contrastadas das pessoas não têm sentido algum. A solidão do pobre é cruel:

Quando um rico tropeça, seus amigos o sustentam;
quando o pobre cai, seus amigos o rejeitam.
Quando o rico comete um erro, muitos o defendem;
E, se ele diz tolices, os outros o aprovam.
Quando o pobre erra, todos o condenam,
e, quando fala com bom senso, ninguém o escuta.
Quando o rico fala, todos se calam
e elevam até as nuvens o seu talento.
Quando o pobre fala, as pessoas perguntam: "Quem é esse fulano?".
E, quando tropeça, ajudam-no a cair (Eclo 13,21-23).

Por fim, num texto em que reflete sobre o homem, Ben Sira observa como os poderosos podem ser honrados em razão de seu poder com freqüência fundado no orgulho. Sua experiência de vida, além disso, ensinou-lhe estas duas verdades históricas:

O poder passa de uma nação para outra por causa da injustiça, da violência e das riquezas (Eclo 10,8).

O Senhor derrubou o trono dos poderosos
e faz os humilhados assentar-se no lugar deles (Eclo10,14).

As reviravoltas atingem o poder. Os tiranos são substituídos e, em seu lugar, assumem o poder pessoas pouco conhecidas que praticam uma política totalmente diferente (cf. Eclo 11,5-6). Logo, não se deve confiar nas aparências. Quem é digno de ser honrado de maneira autêntica? Aqueles que temem ao Senhor — responde Ben Sira (Eclo 10,19). A seu ver, eis o verdadeiro critério da honra. Por conseguinte, se um pobre é sábio verdadeiro, temente a Deus — isto é, suficientemente humilde para reconhecer em sua vida o mistério e a presença do Senhor —, merece mais honra e respeito do que todos os poderosos do mundo cuja ação é guiada pela arrogância, pela injustiça e pelo dinheiro. Nosso sábio formula então algumas questões fundamentais que retraduzo assim para maior clareza:

O pobre é honrado por seu saber
e o rico, por suas riquezas.

> Quem é honrado na pobreza
> mais ainda o será na riqueza.
> Quem é desprezado na riqueza
> mais ainda o será na pobreza? (Eclo 10,30-31).

Entretanto não é inaudito ver os grandes deste mundo pôr-se à escuta de um pobre para beneficiar-se de sua sabedoria:

> A sabedoria do pobre o faz andar de cabeça erguida
> e lhe permite sentar-se entre os grandes (Eclo 11,1).

> Homens livres servem a um escravo sábio,
> e o homem sábio não se queixa disso (Eclo 10,25).

Isso equivale a dizer que, para Ben Sira, o lugar de cada um na escala social é assunto secundário, instável às vezes. O que conta aos olhos do mestre é a sabedoria que se apóia no temor do Senhor. A verdadeira superioridade está aí[16].

Quanto ao uso que se pode fazer do dinheiro para ajudar o próximo, Ben Sira favorece mais que seus predecessores o empréstimo e o fato de alguém ser fiador de um terceiro, embora insista no dever daquele que recebe o empréstimo de restituí-lo no tempo aprazado e, para o fiador, de não taxar secretamente aquele de quem dá garantia. Não se omite que o empréstimo e a caução são práticas comuns, sujeitas aos mesmos riscos, às mesmas formas de falhas, mas nosso sábio prefere claramente e sem nenhuma hesitação a prática da esmola pura e simples (Eclo 29,1-20). Evitemos todo mal-entendido. Hoje, a esmola parece insignificante e aquele que dá uma moeda ao pobre não dá prova de nenhum desapego. A Bíblia fala em hebraico de "justiça", em grego de "compaixão", e a palavra francesa *aumône* [esmola] vem do grego. Para os autores bíblicos, trata-se de respeito à dignidade de cada um e de comunhão fraternal. Da mesma maneira, Ben Sira exorta aquele que tem meios suficientes a economizar, no que dispõe, a parte que distribuirá aos menos favorecidos. Em lugar de esconder teu tesouro num cofre, "encerra tua esmola no coração do pobre", diz com graça a versão latina (Eclo 29,12a)[17].

Junto a seus discípulos, futuros sábios que não rolarão no ouro, mas serão respeitados na sociedade por seu

16. Sobre essa análise, ver M. GILBERT, Wisdom of the Poor: Ben Sira 10,19-11,6, in P. C. BEENTJES (org.), *The Book of Ben Sira in Modern Research.* Proceedings of the First International Ben Sira Conference 28-31 July 1996 Soesterberg Netherlands, Berlin/NewYork, Walter de Gruyter, 1997, p. 153-169 (col. Beihefte zur Zeitschrift für die alttestamentliche Wissenschaft, n. 255).
17. Sobre esse texto, ver M. GILBERT, Prêt, aumône et caution, in R. EGGER-WENZEL, I. KRAMMER (orgs.), *Der Einzelne und seine Gemeinschaft bei Ben Sira*, p. 179-189.

saber, ele insiste desde o começo de seu ensinamento na atenção benevolente que deve ser dada aos pobres (Eclo 4,1-6.8-10):

> Meu filho, não te recuses a ajudar o pobre
> e não sejas insensível ao olhar dos necessitados.
> Não faças sofrer aquele que tem fome
> e não piores a situação de quem está em dificuldade.
> Não perturbes mais ainda a quem já está desesperado
> e não te negues a dar alguma coisa ao necessitado.
> Não rejeites a súplica de um pobre,
> e não desvies do indigente o teu olhar.
> Não desvies o olhar daquele que te pede alguma coisa
> e não dês ocasião para que alguém te amaldiçoe,
> porque, se uma pessoa te amaldiçoa com amargura,
> o Criador atenderá ao pedido dela. [...]
> Inclina o ouvido ao pobre
> e responde com delicadeza à saudação dele.
> Arranca o oprimido do poder do opressor
> e não sejas covarde em fazer justiça.
> Sê como um pai para os órfãos
> e como um marido para a mãe deles.
> Desse modo, serás como um filho do Altíssimo,
> e o Altíssimo te amará mais do que tua mãe.

O discípulo não pode comportar-se como tantos ricos desdenhosos. Ben Sira pronuncia dez interditos (Eclo 4,1-5), os quais culminam na afirmação de que o Deus que criou o pobre se mostrará seu protetor (Eclo 4,6). Depois, positivamente, nosso sábio chama seu discípulo a alguns comportamentos marcados pela bondade, pelo respeito, pela justiça e pela misericórdia (Eclo 4,8-10b). É preciso enfatizar que essa é a primeira vez no mundo dos sábios que se exorta tão explicitamente alguém a libertar o oprimido do opressor, sendo ainda à função de juiz que o sábio visa. Então será a vez de o discípulo receber o beneplácito do Senhor (Eclo 4,10cd)[18].

Enfim, contra os que praticam a religião oferecendo ao Senhor bens que roubaram dos pobres oprimindo-os ou recusando-lhes o salário que lhes era devido, Ben Sira dirige estas duríssimas palavras:

> É como imolar o filho na presença do pai
> oferecer um sacrifício com os bens dos pobres.

18. Sobre esse texto de Eclesiástico 4,1-10, ver P. C. Beentjes, "Sei den Waisen ein Vater und den Witwen wie ein Gatte". Ein kleiner Kommentar zu Ben Sira 4,1-10, in R. Egger-Wenzel, I. Krammer (orgs.), *Der Einzelne und seine Gemeinschaft bei Ben Sira*, p. 51-64.

O pão dos indigentes é a vida dos pobres:
quem dele os priva é um assassino.
É matar o próximo tirar-lhe os meios de subsistência;
e é derramar sangue privar o assalariado de seu salário.
Um bendiz, o outro maldiz:
de quem o Soberano escutará a voz?
(Eclo 34,24-27.29)

Nunca os sábios foram tão longe na condenação dos ricos que oprimem os pobres.

Conclusão

A. Uma sabedoria para todos os tempos

Os livros sapienciais que examinamos têm, como toda sabedoria, um alcance universal. Explica-se assim o fato de que sempre nos fazem refletir acerca de questões que formulamos mais de dois milênios depois do surgimento deles. Os sábios permanecem mestres a pensar sobre a humanidade. Embora fiéis, não é em razão da palavra do Senhor da aliança e da história da salvação que falam, mas à luz de sua consciência e de sua reflexão sobre a realidade que observam cotidianamente entre os seres humanos.

É de fato o ser humano que constitui o objeto de sua atenção. Ora, este continua o mesmo século após século, com suas paixões, suas distorções, seu ideal de felicidade e de realização equilibrado. Riqueza e pobreza, guerra e paz, amor e ódio, vida e morte são questões perenes para a consciência humana. É por esse motivo que a palavra desses sábios de outrora ainda nos interpela.

Essa palavra é o esclarecimento de suas observações: eles olharam o mundo dos seres humanos com lucidez e perspicácia. Numerosos textos que citamos são prova disso. Mas, como mestres de sabedoria, os sábios tinham de propor e justificar atitudes, comportamentos e juízos de valor como resposta ao que observavam, com o objetivo de tornar a sociedade ou ao menos as relações interpessoais mais serenas, mais harmoniosas e em maior conformidade com a autêntica grandeza humana.

B. Uma sociedade dividida

Todos os sábios que examinamos tiveram consciência dos riscos representados pela riqueza e pelo dinheiro. As gerações de todas as épocas tiveram fascínio pela fortuna e por uma vida fácil. Assim como “ciência sem consciência não passa de ruína da alma"[19], riqueza sem retidão não faz senão dividir mais a sociedade. Disso estamos todos tão conscientes quanto os sábios da Bíblia. Ainda mais porque não se trata de uma hipótese, mas de fatos que se repetem era após era. Na maioria das vezes, os ricos abusam de seu poder. Tornam-se opressores do povo (Pr 11,26; 28,15) e em particular dos mais pobres. Os ricos julgam que tudo lhes é permitido, até a corrupção. De fato o mundo não mudou!

Diante desse estado de coisas, os sábios insistiram sobretudo em cinco pontos.

1. Eles condenaram os opressores dos pobres, a dureza dos ricos (Pr 18,23), sua corrupção (Pr 16,8; Eclo 8,2), seu desprezo (Eclo 13,20). Ben Sira chegou mesmo a acusá-los de assassinos por pretenderem oferecer a Deus o bem que furtaram dos pobres (Eclo 34,24-25).
2. Justiça seja feita, todos os sábios elogiaram ou pediram a integridade do juiz, únicos recursos das vítimas de exações e de opressão. Jó foi um exemplo disso (Jó 29,17) e Ben Sira foi extremamente claro sobre o tema (Eclo 4,9).
3. No que se refere a esse ponto, os sábios estavam a tal ponto convencidos da igualdade de todos os seres humanos que não deixaram de enfatizar os direitos dos pobres (Pr 29,3) e os dos servos e das servas (Jó 31,13-15). E o argumento apresentado por esses sábios foi ter sido o Deus Criador que deu a todos a vida e a luz. Eis o motivo pelo qual, quando oprime um pobre, um poderoso ultraja o Criador (Pr 14,31). Também ao juiz cabe não esquecer isso!
4. Vários de nossos sábios exortaram seus discípulos a contentar-se com aquilo de que dispunham, sem procurar enriquecer (Eclo 29,23). A oração de Provérbios 30,7-9 é, nesse aspecto, exemplar. Coélet, diante do fracasso e do absurdo da corrida em busca do dinheiro, defendeu a acolhida dos prazeres simples que Deus nos oferece (Ecl 2,24-25; 5,17-19) e Ben Sira preferiu ao avarento cúpido e invejoso o homem que não recusa a felicidade presente e a partilha com os amigos (Eclo 14,13-14).
5. Desprovido de bens, o pobre precisa de ajuda. Os sábios incitaram todos os que possuíam meios a mostrar-se generosos com relação aos pobres. Ainda que Ben Sira tenha justificado essa ajuda por meio do preceito da lei

19. F. Rabelais, *Pantagruel,* cap. 2, in F. Rabelais, *Oeuvres complètes*, ed. M. Huchon, Paris, NRF Gallimard, 1994, p. 245 (col. Bibliothèque de la Pléiade).

mosaica (Eclo 29,9.11), na maioria das vezes os sábios exortaram à prática da esmola não apenas em razão da dignidade da pessoa em apuros, mas sobretudo para o doador mostrar-se um fiel sincero e autêntico (Pr 14,21; Jó 31,16-18; Eclo 4,6.10cd).

C. Sabedoria e pobreza

Por ter feito fortuna, o homem rico pode ser tomado por sábio (Pr 28,11), mas um pobre que possui um autêntico entendimento, isto é, sabedoria, lhe tirará as ilusões. O tema da sabedoria de um pobre penetrou desse modo na reflexão dos sábios. Coélet o retoma (Ecl 9,13-16): graças à sua sabedoria, um pobre desmonta os planos de um invasor e salva uma cidade. Uma vez, a sabedoria de um pobre é escutada; trata-se de uma coisa rara, e Coélet a acentua com um toque de amargura. Depois retoma o tema, mas de outro ponto de vista, o da honra autêntica. Para ele, merece ser honrado não o detentor do poder pelo simples fato de governar, mas aquele que teme o Senhor, seja qual for seu lugar na escala social. Ora, segundo a tradição bíblica (Pr 1,7, por exemplo), o temor ao Senhor é a atitude fundamental daquele que se abre à sabedoria concedida por Deus. Se um pobre é sábio, se estabelece nessa disponibilidade radical. Por conseguinte, merece ser honrado, e os poderosos não hesitarão em pôr-se a seu serviço (Eclo 10,20.22-25; 11,1). Provérbios 15,16 já considera preferível à riqueza que engendra a inquietude a ponderação com o temor ao Senhor. Vemos que, tanto para esse provérbio como para Ben Sira, a sabedoria verdadeira implica uma atitude religiosa, e quando um pobre a vivencia a sociedade só pode beneficiar-se.

Os sábios da Bíblia, além disso, nunca deixaram de indicar a dimensão teológica de sua mensagem. Muitas foram as vezes que fizeram referência ao Criador!

Quanto àquele que possui uma fortuna, o melhor uso que dela pode fazer não é praticar o empréstimo ou servir de fiador, mas sobretudo dar ao pobre a fundo perdido. Ben Sira o diz sem rodeios (Eclo 29,1-20).

D. Os limites do ensinamento dos sábios

Podemos citar quatro:

1. Era reservado aos profetas exortar os ricos corruptos ou opressores à conversão. Mas os sábios, cuja função não tinha essa dimensão, não deixaram de estigmatizar os ricos culpados. Ben Sira, que chegou mesmo a qualificá-los de assassinos, felicitou o rico honesto e generoso; isso não devia ser um fato comum.

2. Na atualidade, dá-se aos pobres a palavra nos debates que os envolvem e existem lugares de escuta recíproca nos quais, por exemplo, o quarto mundo e a universidade procuram juntos melhorar o destino dos desfavorecidos. Os sábios do Antigo Testamento falaram dos pobres com respeito e grande atenção; fizeram-se seus porta-vozes, mas não lhes deram diretamente a palavra, exceto quando Jó, reduzido a nada, pobre depois de rico que foi, fala deles com tanto calor e tanta emoção que se percebe sua comunhão com a miséria deles (Jó 24,2-12); mas nem por isso seu discurso deixa de ser a obra literária de um sábio para se tornar o testemunho direto de um pobre.
3. Conceberam os sábios uma nova ordem social? Eles viram o fosso que separava os ricos dos pobres e incitaram à existência de mais justiça numa sociedade cujos fundamentos raramente eram questionados. Coélet concebeu, sem dúvida com certo ceticismo, a inversão do poder e sua tomada por alguém vindo dos desfavorecidos (Ecl 4,13-16). Ben Sira, com base na experiência histórica, foi mais explícito (Eclo 10,14; 11,5-6). Além disso, retomando continuamente a necessidade de se contar com juízes íntegros, os sábios reivindicaram com firmeza a igualdade de todos diante tanto do direito como de Deus.
4. A globalização ou a mundialização da justiça social é uma exigência moderna. Isso não era possível na Antiguidade e, de todo modo, os sábios da Bíblia nada disseram sobre o assunto. Entretanto, sua mensagem não exclui alguns prolongamentos. Assim, pergunto-me se o fato de Ben Sira declarar preferir claramente o dom puro e simples ao empréstimo e à caução não nos pode esclarecer a candente questão do perdão da dívida dos países mais pobres, sobretudo quando se estabelece uma relação entre o ensinamento do sábio e um texto de Neemias que relata que os ricos proprietários de seu tempo decidiram perdoar a dívida do povo em dificuldade (Ne 5,10-12). Transformar o empréstimo ou a caução em dom sem retorno possível acha-se na linha do ensinamento do sábio de Jerusalém.

Há justiça econômica nos profetas?

Joëlle Ferry

Introdução: observações sobre o título

"Há justiça econômica nos profetas?" A questão pode surpreender, mesmo num ciclo sobre "Bíblia e economia". Com efeito, se é possível falar com clareza de justiça social entre os profetas, o termo "econômico" é mais ambíguo e tem um sabor anacrônico para o período dos profetas do Antigo Testamento. Conhecem-se suficientemente as estruturas da sociedade israelita para falar de economia? "Economia" nem sequer consta dos vocabulários de teologia bíblica! A economia aparece hoje como algo geral e sistemático que implica estruturas importantes; fala-se de "política econômica" e tudo parece econômico, a ponto de um dos principais problemas ser o de os atores políticos encontrarem um verdadeiro lugar para regular uma economia mundial cujo motor é o mercado que nada tem a ver com a justiça. É claro que em Israel, no período pré-exílico, nos séculos VIII-VII a.C., a sociedade tradicional não conhecia nenhum sistema econômico no sentido moderno. O equilíbrio dos poderes era inteiramente diverso. O rei dispunha de um poder significativo, as estruturas tribais e familiares caracterizavam as instituições, as relações e o modo de vida.

A palavra "justiça" é importante no universo bíblico. Os dicionários desenvolvem o tema das mais diversas maneiras[1]. Indico simplesmente alguns aspectos da "justiça/*ṣᵉdāqâ*" no Antigo

1. Cf. G. Von Rad, *Théologie de l'Ancien Testament*, I, *Théologie des traditions historiques d'Israel*, trad. É. de Payer, Genève, Labor et Fides, 1963, p. 320-331; artigos צדק, de K. Koch, e שׁפט, de

Testamento recordando que, antes de encontrar seu lugar no domínio da ética, a *ṣ^e^dāqâ* surge no vocabulário bíblico como atributo do rei. É primordialmente ao rei que cabe praticar a justiça, como o testemunha, entre outros, o autor do livro de Samuel sobre Davi: "Davi reinou sobre todo o Israel, exercendo o direito e a justiça [*mišpāṭ* e *ṣ^e^dāqâ*] para com todo o seu povo" (2Sm 8,15). A justiça é um atributo real que investe o rei em sua função político-religiosa, e no Oriente Próximo antigo aparece como um valor absoluto, uma espécie de divindade, um princípio cósmico de equilíbrio e de felicidade.

O rei é justo quando intervém para socorrer os mais fracos, os pobres que não têm ninguém para fazer respeitar seus direitos. A justiça é então uma arma contra a desordem do mundo, devendo permitir que cada um ocupe o lugar que lhe é devido, um espaço de vida, sua dignidade de ser humano. Logo, é menos conformidade a uma norma do que uma plenitude de ser; conota uma idéia de plenitude e de abundância, de vida feliz, em que tudo está em seu lugar e em que nada falta. Ela pode então ser sinônimo de salvação e de graça, como bem o perceberam os salmistas quando exclamam: "YHWH, liberta-me em tua justiça" (Sl 31,2).

A justiça bíblica tem uma dimensão relacional e social; ela se define por um tipo de relação na qual o indivíduo se engaja em defesa de outro, a fim de permitir-lhe tornar-se alguém e desabrochar na felicidade comunitária. A justiça, tal como a aliança, não é uma relação de dois termos — Deus e o fiel (povo ou indivíduo) —, mas de três termos — Deus, o povo fiel e as vítimas da injustiça, quaisquer que sejam. A justiça na Bíblia não se reduz, portanto, à justiça social, mas esta é um elemento primordial daquela.

A expressão "justiça econômica" deve ser entendida aqui no sentido de um harmonioso viver entre os habitantes de um país — nesse caso, os de Israel e de Judá —, que implica um comportamento cotidiano concreto. Para restringir a abrangência de um tema tão vasto, vamos ler palavras de alguns profetas do século VIII. O que percebemos, nos livros bíblicos, da sociedade israelita? O funcionamento social ou socioeconômico é justo? E, se não o é, acaso os profetas propõem alguma coisa para torná-lo mais justo? Têm eles alguma influência referente a isso sobre seus contemporâneos? E

G. Liedke, in E. Jenni, C. Westermann (orgs.), *Theologisches Handwörterbuch zum Alten Testament,* Munich/Zurich, C. Verlag/Theologischer Verlag, 1976, v. 2, col. 507-530, 999-1010; S. Amsler, Justice, in S. Amsler, *Le Dernier et l'Avant-Dernier.* Études sur l'Ancien Testament, Genève, Labor et Fides, 1993, p. 306-310.

na história ulterior? É preciso reconhecer que a resposta a algumas dessas questões é muito difícil. Que meios temos para atingir as estruturas econômicas da sociedade israelita? A arqueologia[2] oferece uma contribuição real, mas limitada.

Lendo alguns extratos dos livros proféticos de Isaías, Amós e Miquéias, consideraremos três aspectos da justiça, ou da injustiça, visto ser, na maioria das vezes, para denunciar a injustiça que se fala de justiça:

1. As injustiças sociais que os poderosos infligem aos pobres, de acordo com os primeiros capítulos do livro de Isaías, aqueles que têm mais chances de refletir a situação da sociedade israelita no século VIII.
2. A relação do profeta com a lei e com o direito que regula a vida em sociedade em algumas passagens do livro de Amós, que abordaremos.
3. A propriedade da terra, que é a base da sociedade israelita. O que dizem dela os profetas, em especial Miquéias de Moréshet?

Num quarto momento, examinaremos o possível papel do profeta em Israel/Judá. O profeta tem um papel no domínio da justiça econômica?

De cada livro, escolheremos um texto significativo entre aqueles que muitos autores concordam em considerar antigos, isto é, que refletem a pregação dos profetas. Não discutiremos ponto por ponto a datação desses textos. Consideraremos que eles têm como pano de fundo a sociedade israelita antiga, mesmo que tenham sido relidos e atualizados em períodos mais recentes.

I
O recurso à justiça no livro de Isaías

A julgar pelo sumário dos livros sobre o profeta Isaías, o tema justiça não seria fundamental nesse livro. Talvez porque o tema seja de algum modo reservado a Amós e a Miquéias. Consideramos de Isaías sobretudo sua mensagem política, sua visão da santidade de Deus ou o messianismo de alguns oráculos.

2. O interesse pelas relações entre Bíblia e arqueologia costumam gerar publicações que suscitam debates. Entre as mais recentes: I. Finkelstein, N. A. Silberman, *La Bible dévoilée.* Les nouvelles révélations de l'archéologie, Paris, Bayard, 2002.

A. *Mišpāṭ* / *ṣ^edāqâ*: direito e justiça

Das 523 ocorrências da raiz *ṣdq*[3] no Antigo Testamento, o livro de Isaías, com 81 ocorrências, coloca-se exatamente depois dos livros dos Salmos (139) e dos Provérbios (94). Os outros livros proféticos a utilizam muito menos. Quanto ao termo *mišpāṭ* (422 empregos), as ocorrências mais numerosas se acham nos livros dos Salmos (65), de Ezequiel (43) e de Isaías (42).

O termo *mišpāṭ* vem da raiz *špṭ*, que significa "impor uma decisão, uma vontade". O verbo *špṭ* é na maioria das vezes traduzido por "governar" ou "julgar". *mišpāṭ* é traduzido na maior parte das vezes por "o direito", mas pode designar, de acordo com o caso[4]: 1. a decisão de justiça, o julgamento; 2. o caso em litígio, o assunto a ser julgado; 3. a reivindicação ou reclamação, o que é devido por direito.

No contexto bíblico, *mišpāṭ*, o direito, é a ordem justa, legal, que preserva a paz. É fruto de decisões tomadas por um tribunal justo, mas avaliado pelas relações daquele que age. A Bíblia fala assim do direito dos pobres, dos sacerdotes, dos governadores... Logo, trata-se, de modo amplo, do que cabe a cada um. "A cada um seu direito, segundo seu lugar e seu papel na sociedade." Respeitar o direito é mais do que aplicar rigorosamente as leis; é sobretudo respeitar o outro segundo o direito[5].

A justiça, *ṣ^edāqâ*, é o comportamento em conformidade com esse direito, fonte de felicidade e de prosperidade. É justo aquele que atende com exatidão ao que exige seu lugar na sociedade, que é fiel a si e à sociedade. A *ṣ^edāqâ* pressupõe uma espécie de bem-estar geral, de saúde. É preciso estar num estado de *ṣ^edāqâ* para poder agir com justiça. A *ṣ^edāqâ* situa-se sempre numa relação entre as pessoas. Ser justo é não apenas respeitar o outro, mas também possibilitar que este exista. A justiça não é, portanto, uma qualidade estática, mas dinâmica, um projeto. A *ṣ^edāqâ* é dada por Deus[6] e estabelece o israelita num clima de *ṣ^edāqâ* que lhe permite estar em relação justa com YHWH e com os outros, em harmonia com a comunidade dos filhos de Israel e com o mundo.

Em vários trabalhos recentes[7], Moshe Weinfeld estudou o binômio *mišpāṭ/ṣ^edāqâ*,

---

3. Para os dados estatísticos, utilizamos como fonte: *Theologisches Handwörterbuch zum Alten Testament* (cf. nota 1).
4. Cf. G. Verkindère, *La justice dans l'Ancien Testament*, Paris, Cerf, 1998, p. 17 (col. Cahiers Évangile, n. 105).
5. Ibid.
6. Esse aspecto é desenvolvido sobretudo em textos posteriores ao século VIII.
7. M. Weinfeld, Justice and Righteousness, The Expression and Its Meaning, in H. G. Reventlow, Y. Hoffman (orgs.), *Justice and Righteousness:* Biblical Thermes and Their Influence, Sheffield, JSOT,

particularmente freqüente no livro de Isaías[8]. Para ele, a expressão *mišpāṭ/ṣᵉdāqâ* deve ser compreendida como uma hendíadis[9], e esse conceito único se refere à justiça social. Manter a justiça social, isto é, uma harmonia e um jubiloso viver comum entre as diferentes partes da sociedade e entre os indivíduos, é a responsabilidade particular do rei e, de maneira mais ampla, de todo israelita.

A organização do livro em seu estado final sugere a importância dessa questão para o profeta e seus discípulos. Os termos *mišpāṭ, ṣedeq, ṣᵉdāqâ ou mišpāṭ/ṣᵉdāqâ* encontram-se no conjunto do livro, mas em passagens particularmente significativas que expressam sua importância na pregação do profeta.

Assim, no capítulo 1, capítulo-prefácio do livro, encontra-se várias vezes o vocabulário da justiça: Isaías recorre à prática de *mišpāṭ e ṣᵉdāqâ*. Nos capítulos 28–32, classicamente denominados "o ciclo assírio", é abordado o problema do estabelecimento do direito e da justiça pelos governantes[10]. É interessante observar que a terceira parte do livro, composta dos capítulos 56–66, inicia-se com a retomada desse tema[11]:

> Assim diz YHWH:
> "Observai o direito e praticai a justiça,
> porque a minha salvação está para chegar
> e a minha justiça vai se manifestar"
> (Is 56,1).

Esse versículo mostra uma dinâmica do livro, com a passagem do paralelo direito/justiça ao paralelo salvação/justiça. É a segunda parte do livro (Is 40–55) que opera essa passagem. A justiça de Deus é salvação.

B. Os destinatários dos oráculos de Isaías

A quem se dirigem os oráculos de Isaías a respeito de justiça, de direito e justiça? Um dos principais interlocutores de Isaías foi o rei de Judá, Acaz, e, depois, seu filho Ezequias. De fato, nos

1992, p. 228-246 (col. Journal for the Study of the Old Testament, Sup., n. 137); M. *Weinfeld, Social Justice in Ancient Israel in the Ancient Near East,* Minneapolis, Fortress Press, 1995.

8. Podem-se contar vinte ocorrências no livro de Isaías, três em Amós e apenas uma em Miquéias e Oséias. Cf. Isaías 1,27; 5,7.16; 9,6; 28,17; 32,16; 33,5; 54,17; 56,1; 58,2; 59,9; 59,14, referências às quais é preciso acrescentar 1,21; 16,5; 26,9; 32,1; 41,1-2; 42,4-6; 59,9.14, que têm o binômio *mišpat.*

9. A hendíadis é uma figura de retórica que consiste em dizer em dois substantivos coordenados uma expressão única.

10. Cf. em particular Isaías 28,14-22.

11. Sobre esse ponto, ver: B. Gosse, Isaïe 56-59, le livre de Isaïe et la mémoire du prophète Isaïe, *Henoch*, 19 (1997) 267-282.

textos mais célebres, como no libreto do Emanuel (Is 6–9), figura um vigoroso apelo à justiça real, visto ser a justiça a principal qualidade do rei no Oriente Próximo antigo[12]. São esses os textos mais conhecidos do livro de Isaías. O nome do rei, sua titulatura, é:

> Conselheiro Maravilhoso, Deus Forte,
> Pai para sempre, Príncipe da Paz.
> Grande será o seu domínio, e a paz não terá fim
> sobre o trono de Davi e seu reino,
> firmado e reforçado
> com o direito e a justiça (*mišpāṭ* e *ṣᵉdāqâ*) (Is 9,5-6).

A realeza funda-se no direito e na justiça. Isaías retoma, por sua conta, a ideologia real, isto é, a concepção do rei no Oriente Próximo antigo. Essa mesma visão é encontrada num poema, lido sem dúvida nas liturgias de entronização real, que descreve o rei, nesse caso o rei davídico, segundo o coração de Deus:

> Do tronco de Jessé sairá um ramo,
> um broto nascerá de suas raízes.
> Sobre ele pousará o espírito de YHWH:
> espírito de sabedoria e inteligência,
> espírito de conselho e fortaleza,
> espírito de conhecimento e de temor de YHWH.
> A sua inspiração estará no temor de YHWH.
> Ele não julgará pelas aparências,
> nem dará a sentença só por ouvir.
> Ele julgará os fracos com justiça,
> dará sentenças retas aos pobres da terra.
> Ele ferirá o violento com o cetro de sua boca,
> e matará o ímpio com o sopro de seus lábios.
> A justiça é a correia de sua cintura,
> é a fidelidade (*ĕmûnâ*) que lhe aperta os rins (Is 11,1-4).

O que se espera do rei é, portanto, agir ao mesmo tempo com sabedoria e com justiça.

Mas o rei não é o único obrigado a realizar *mišpāṭ e ṣᵉdāqâ*. Uma das contribuições de Isaías ao profetismo é estender esse dever a todo israelita. Os destinatários da pregação de Isaías são, segundo os textos, os reis e os príncipes, mas também os magistrados, os sacerdotes, os legisladores, os funcionários, os proprietários de terras e também os bêbados, os ladrões, os violentos, em suma, todo o povo, como indica o texto de Isaías 5,1-7, o célebre canto da vinha:

> A vinha de YHWH, o todo-poderoso,
> é a casa de Israel,

12. H. Cazelles desenvolveu esse ponto em numerosos artigos, notadamente: De l'idéologie royale, *The Gaster Festschrift, The Journal of the Ancient Near Eastern Society*, New York (1973) 59-73; H. Cazelles, Aspirations à la justice dans le monde prébiblique. La réponse divine selon la révélation biblique, in Id., *Autour de l'Exode*, Paris, Gabalda, 1987, p. 371-387 (col. Sources bibliques).

e sua plantação preferida são os homens
de Judá.
Eu esperava deles o direito (*mišpāṭ*),
mas produziram injustiça (*mišpāṭ*).
Esperava justiça (*ṣ*^e^*dāqâ*)
mas aí estão gritos de desespero (*ṣ*^e^*'āqâ*)
(Is 5,7).

Essa importância do direito e da justiça é enfatizada pelas assonâncias e aliterações desses versículos.

Uma rápida leitura das passagens do livro de Isaías cujo tema é a justiça mostra que o profeta fala relativamente pouco de justiça no sentido positivo[13]. As denúncias de injustiça são freqüentes e vigorosas, particularmente quando se trata:

— das viúvas, dos órfãos, dos pobres: 1,17.23; 10,2; 11,4;
— das práticas corruptas que assumem uma aparência de legitimidade: 3,14; 5,23; 10,1;
— da acumulação das propriedades e de bens: 2,7; 3,16-23; 5,8-9; 10,2-3;
— de violência e de crime de sangue: 1,15.21; 5,7;
— de uma política que se caracteriza pela fraude, pela mentira e pela opressão: 1,17; 3,15; 5,7; 28,15;
— de um estilo de vida luxuoso e dissoluto: 5,11-12.22; 28,1.7-8; 32,9.

O sentido de justiça em Isaías é marcado pela realidade de seu tempo, o modo de vida concreto do indivíduo e da sociedade. A linguagem é concreta e realista. Da mesma maneira, quando proclama que "YHWH é um Deus justo (*mišpāṭ*)" (Is 30,18), o profeta não define a natureza divina, mas afirma que Deus, o salvador de Israel e o protetor de seu povo, pede que "sejam feitos[14] direito e justiça" na vida do povo e nas estruturas da sociedade. Essa globalização do apelo à justiça é vista de imediato na leitura do livro de Isaías, pois os redatores escolheram enfatizar esse eixo no primeiro capítulo.

C. Leitura de Isaías 1,10-28

Os "capítulos 1" dos livros proféticos são particularmente interessantes, pois são na maioria das vezes prefácios e prólogos que abordam os temas importantes que serão desenvolvidos no livro. Ora, precisamente o capítulo 1 do livro de Isaías[15], formado por uma série de pequenas unidades na origem independentes, fala com freqüência de

13. Ver, contudo, Isaías 1,17: "Aprendei a fazer o bem
Buscai a justiça [...]".
14. Trata-se do verbo *'āśâ*, "fazer", que é utilizado na expressão "praticar a justiça, fazer justiça".
15. Sobre Isaías 1, além dos comentários, ver: S. Niditch, The Composition of Isaiah 1, *Biblica,* 61 (1980) 509-529; A. J. Tomasino, Isaiah 1,1–2,4 and 63–66 and the Composition of the Isaianic

direito e de justiça. Em várias passagens, o capítulo, como o conjunto de Isaías 1–39, apresenta-se como um apelo à conversão, na linha mais tradicional do profetismo, de dois grupos: os que respondem a essa exortação e aqueles que a recusam.

Depois de uma primeira lamentação sobre os filhos pervertidos de Israel que abandonaram YHWH (vv. 4-9), o capítulo 1 tem prosseguimento com uma *torah*, uma instrução, sobre o culto:

> Escutai a palavra de YHWH [...].
> Que me importam vossos inumeráveis sacrifícios?, diz YHWH. [...]
> Cessai de fazer o mal,
> aprendei a fazer o bem!
> Procurai o direito (*mišpāṭ*), chamai à razão o espoliador!
> Fazei direito [verbo: *šipṭû* ao órfão, tomai a defesa da viúva! (Is 1,10.11.16-17).

Há aí um aspecto muito importante da pregação de Isaías: o culto é relativo à justiça social. Os sacrifícios no Templo nada valem se não são acompanhados do respeito ao direito dos pobres. Isaías utiliza imagens e termos muito fortes e sem ambigüidade:

> Que me interessa a quantidade dos vossos sacrifícios?, diz YHWH.
> Estou farto dos holocaustos de carneiros e da gordura de novilhos.
> Não gosto do sangue de bois, carneiros e cabritos.
> Quando vindes à minha presença,
> quem vos exigiu que pisásseis meus átrios?
> Parai de trazer ofertas inúteis.
> O incenso é coisa nojenta para mim;
> luas novas, sábados, assembléias...
> não suporto injustiça com solenidade.
> Eu detesto vossas luas novas e solenidades.
> Para mim se tornaram um peso que não suporto mais.
> Quando vós ergueis as mãos para mim,
> eu desvio o meu olhar;
> ainda que multipliqueis as orações, eu não escutarei.
> As vossas mãos estão cheias de sangue.
> Lavai-vos, purificai-vos!
> Tirai de minha vista as maldades que praticais.
> Cessai de fazer o mal,
> aprendei a fazer o bem!
> Procurai o *direito*, chamai à razão o espoliador!
> Fazei *direito* ao órfão, tomai a defesa da viúva! (Is 1,11-17).

Isaías 1,21-26 é uma unidade que sem dúvida foi em seguida completada

Corpus, *Journal for the Study of the Old Testament*, 57 (1993) 81-98; D. M. CARR, Reading Isaiah from Beginning (Is 1) to End (Is 65-66): Multiple Modern Possibilities, in R. F. MELUGIN, M. A. SWEENEY (orgs.), *New Visions of Isaiah*, Sheffield, Sheffield Academic Press, 1996, p. 188-218 (col. Journal for the Study of the Old Testament, Sup., n. 214).

pelos vv. 27-28[16]. Essa perícope abre uma segunda parte no capítulo 1. Esse texto é um lamento sobre Jerusalém, Sião, aliado a um oráculo de julgamento. A definição de Sião, "cidade fiel", forma uma inclusão nesse conjunto (vv. 21 e 26), que é edificado sobre uma oposição temporal entre Sião outrora, hoje e amanhã. Outrora, a cidade era fiel e justa:

> Em Sião antes prevalecia o direito, e
> nela morava a *justiça* (Is 1,21).

Agora, a injustiça invadiu a cidade. Essa é uma passagem muito mais longa que a recordação do passado. Ela acentua o pecado de Jerusalém e de seus habitantes:

> Como se transformou em prostituta
> a cidade fiel?
> Em Sião antes prevalecia o direito, e
> nela morava a *justiça;*
> agora, está cheia de criminosos!
> Sua prata se tornou lixo,
> e seu vinho ficou aguado.
> Os seus chefes são bandidos, cúmplices
> de ladrões,
> todos eles gostam de suborno, correm
> atrás de presentes.
> Não fazem *justiça* ao órfão,
> e a causa da viúva nem chega até eles
> (Is 1,21-23).

Amanhã, depois do castigo de YHWH ("voltarei a mão contra ti"), a cidade voltará a ser fiel, pois a justiça reinará a ponto de a cidade ser denominada "Cidade da Justiça":

> Pois bem! Ai de ti! — oráculo do Senhor
> YHWH dos Exércitos,
> o Poderoso de Israel:
> Eu me vingarei dos meus inimigos,
> e pedirei satisfação aos meus adversários.
> Voltarei a minha mão contra ti,
> para limpá-la da sujeira com soda
> e tirar a impureza.
> Darei a ti juízes como os de antes
> e conselheiros como os de antigamente.
> Então te chamarás *Cidade da Justiça,*
> Cidade Fiel (Is 1,24-26).

E, de acordo com uma reflexão do profeta, no final dessa passagem:

> Sião será resgatada com o *direito,*
> e os repatriados, com a *justiça.*
> A ruína virá tanto para os rebeldes como
> para os pecadores!
> Os que abandonarem YHWH perecerão
> (Is 1,27-28).

É interessante observar o vocabulário dessa passagem. O campo lexical da justiça é importante: três menções da raiz *špṭ*, o substantivo *mišpāṭ* no v. 23, a raiz *ṣdq* nos vv. 21 e 26. A cidade é restaurada quando a animam fidelidade, direito e justiça.

Os destinatários desse texto são principalmente os príncipes (v. 23) que

16. Isaías 1,10-17 é considerado isaiano pela maioria; 1,21-26 com muita freqüência, mas de modo menos unânime.

buscam presentes em lugar de praticar o direito com relação ao órfão e à viúva (v. 23). Esse binômio "viúva–órfão" já se encontrava na passagem precedente (em 1,17) e representa os grupos típicos dos pobres e oprimidos[17]. A situação dramática da viúva advém do fato de que a terra, propriedade familiar, está ligada à pessoa do marido e à tribo deste. Na sociedade israelita, a mulher não pode herdar do marido; por conseguinte, sua situação é precária. Quanto ao órfão, sua situação é grave porque está privado do reconhecimento de seu pai. E, nos casos em que seu pai deixou dívidas, o órfão é tomado como escravo pelos credores[18]. No direito israelita, a proteção de que devem beneficiar-se a viúva e o órfão, assim como o estrangeiro, que não é mencionado aqui, funda-se no fato de que o Senhor se encarrega de sua causa.

D. Conclusão sobre Isaías

O emprego do vocabulário da justiça em Isaías 1–39 é muito amplo[19]. Ele abrange os domínios jurídico, econômico, social, político e moral, mas o profeta não desenvolve um programa sindical nem se dedica a propaganda política. A justiça em Israel está enraizada na benevolência e na compaixão de Deus por seu povo, em particular pelo pobre, pelo órfão e pela viúva. Inversamente, a injustiça com relação ao pobre é pecado e rebelião contra YHWH. A metáfora da prostituição empregada em Oséias para qualificar o pecado da idolatria designa no livro de Isaías a negligência do órfão e da viúva. Em outros termos, a justiça se faz acompanhar pela fidelidade e pela fé (raiz *'aman*).

Nos textos do século VIII posteriores a Isaías, a justiça será antes percebida como uma qualidade de YHWH e com ele relacionada:

> YHWH é exaltado porque reside nas alturas;
> ele enche Sião de *direito* e *justiça*.
> A segurança de teus dias serão as riquezas da salvação.
> A sabedoria, o conhecimento e o temor de YHWH:
> esse será teu tesouro (Is 33,5-6)[20].

---

17. Cf. E. W. Davies, *Prophecy and Ethics.* Isaiah and the Ethical Tradition of Israel, Sheffield, JSOT, 1981, p. 102-106 (col. Journal of the Study of the Old Testament, Sup., n. 16); T. L. Leclerc, *Yahweh is Exalted in Justice.* Solidarity and Conflict in Isaiah, Minneapolis, Fortress Press, 2001, p. 34-39.
18. Cf. 2 Reis 4,1: uma viúva vai ao encontro de Eliseu porque, depois da morte do marido, os credores tomaram seus filhos como escravos.
19. P. Bovati fala de um sentido ao mesmo tempo legal e social em termos amplos. Cf. P. Bovati, *Ristabilire la giustizia.* Procedure, vocabolario, orientamenti, Roma, Biblical Institute Press, 1986 (col. Analecta Biblica, n. 110).
20. Cf. também Isaías 32,15-19; 14,28-32.

Na época do exílio, em que fala em nome de YHWH aquele que a tradição denomina o segundo Isaías (Is 40–55), o povo está exilado na Babilônia. Quem faz justiça se o rei, principal garante da justiça, se acha prisioneiro? Nesses textos do exílio, é YHWH que constitui o fiador da justiça para seu povo. A justiça é expressão da soberania de YHWH, o Deus de Israel, diante de todos os ídolos que nada são. Quanto à terceira parte do livro de Isaías (56–66), estabelece uma relação entre a justiça e a aliança. Mas a análise desses textos nos impeliria a ultrapassar muito o século VIII!

II
A lei e a justiça no profeta Amós

Outro profeta do século VIII: Amós de Técua, que apresentava entre suas particularidades a de profetizar no reino do norte, embora fosse judeu. De todo modo, um trabalhador imigrado! Amós exerceu o ministério profético entre 760 e 750, sob o reinado de Jeroboão II, de Israel (787-747).

O reinado de Jeroboão II foi um dos mais prósperos, se não o mais próspero, do reino de Israel. O desaparecimento relativo das grandes potências permitiu que se estendessem os pequenos reinos da Síria-Palestina. O arqueólogo israelita Israël Finkelstein insiste na riqueza de Israel nos séculos IX-VIII, época em que tal reino se tornou uma "potência média"[21]. Essa prosperidade tornou-se possível pela recuperação de territórios na Transjordânia[22] e pela retomada do comércio com as cidades fenícias da costa. O reinado de Jeroboão II foi longo e próspero. Mas a riqueza não beneficiou a todos, como atestam os livros de Amós e de Miquéias. A arqueologia[23] mostra a mudança ocorrida em Israel entre o início da monarquia e o reino de Acab (875-853). No século X, todas as casas tinham as mesmas dimensões e a mesma organização. No século VIII, havia grandes casas, assim como bairros em que se amontoavam casas mais pobres.

O livro de Amós está permeado de alusões a esta situação extremamente próspera: explosão das atividades comerciais, frenesi dos banquetes e festi-

21. I. Finkelstein, N. A. Silberman, *La Bible dévoilée*, 2.ª parte: L'emergence et la chute de l'ancien Israël, p. 175-260.

22. Cf. Amós 6,13-14 e 2 Reis 14,25, textos que fazem alusão a cidades conquistadas, como Lo-Dabar e Carnaim, na Transjordânia, e Lebo-Hamath, ao norte do Líbano.

23. Cf. R. de Vaux, *Les institutions de l'Ancien Testament*, I, Paris, Cerf, ²1961, p. 113-116.

vidades, luxo desenfreado das casas dos ricos, triunfalismo do culto... Foi esse o espetáculo que se ofereceu ao profeta de modo geral. Uma parte da população chegou a viver no luxo e a possuir casas de verão e casas de inverno:

> Vou derrubar a casa de inverno, junto com a casa de verão.
> Serão destruídas as casas de marfim, desaparecerão muitas casas (Am 3,15).

Alguns se deitam sobre leitos de marfim com incrustações (Am 6,4) e são numerosas as alusões aos banquetes (Am 4,1-3).

Mas por trás desses exageros de riqueza se esconde uma realidade inteiramente diversa: a da inconsciência e da euforia dos ricos, abusos de poder e a exploração dos pobres pelas classes dirigentes; a de um culto apodrecido por dentro, em que os gestos exteriores são contrariados por uma vida que acolhe as piores injustiças.

A. Leitura de Amós 2,6-16[24]

Esse texto vem ao final de uma série de oráculos sobre as nações, em que o profeta denuncia o comportamento dos reinos vizinhos de Israel, que são autores de verdadeiros "crimes de guerra". Mas Israel não deve se regozijar com o julgamento apresentado com relação a seus vizinhos. Amós dirá da parte de YHWH uma palavra ainda mais dura.

A estrutura desse oráculo é igual à dos capítulos 1 e 2:

1. uma fórmula de introdução habitual nos oráculos proféticos — "Assim fala YHWH" (2,6a);
2. a motivação geral do julgamento que virá — "Por três crimes de Israel e pelo quarto" (2,6a);
3. as acusações específicas — os crimes e pecados cometidos por Israel (2,6b-12).
4. a condenação (2,13-16).

A parte mais longa (vv. 6-12) é a que enumera as faltas de Israel. Qual é o comportamento do povo para que o profeta Amós se inflame assim contra a injustiça? A motivação é desenvolvida a fim de enumerar os crimes de Israel. O oráculo apresenta quatro acusações concretas:

— eles vendem o justo por dinheiro;
— eles esmagam a cabeça dos indigentes;
— filho e pai dormem com a mesma jovem;
— eles se deitam sobre roupas penhoradas.

24. Outros textos sobre o mesmo tema: Amós 5,4-17.21-27; 8,4-8. O binômio *mišpāṭ/ṣ*^{e}*dāqâ* é encontrado três vezes no livro de Amós: 5,7.24; 6,12.

Essa acusação é reforçada pela enumeração das benfeitorias de YHWH por seu povo, que desempenham de fato a função de circunstâncias agravantes (vv. 9-11):

> À vossa frente fui eu que derrotei os amorreus.
> Fui eu que vos retirei da terra do Egito (Am 2,9-10).

Entre essa acusação e a sanção-condenação, uma questão interpela o ouvinte-leitor:

> Não foi assim, ó filhos de Israel? Oráculo de YHWH (Am 2,11)[25].

B. Quais são os crimes, as rebeliões de Israel?

Quatro motivos principais de acusação são indicados nos vv. 6-8[26].

1. "Eles venderam o justo por dinheiro e o necessitado por um par de sandálias" (Am 2,6)[27]

A primeira interpretação que vem à mente é a da corrupção dos juízes e dos tribunais... o que se encontra em todo lugar e em todos os tempos! Mas a acusação de Amós visa sem dúvida a algo mais preciso: a venda como escravas de pessoas que não podiam pagar as próprias dívidas. É espantosa a proximidade com algumas passagens do Código da Aliança[28]. Sobre o roubo, tal código delcara que um ladrão deverá dar compensação: "Quando não tiver com que pagar, será vendido para compensar o que roubou" (Ex 22,1-2).

Outro texto, um relato do ciclo de Eliseu, alude à escravidão por dívidas. A viúva do filho de um profeta vai encontrar-se com Eliseu. Qual o objeto de

---

25. Em seu estudo dessa passagem, P. Bovati e R. Meynet mostraram que essa questão é o centro do oráculo. Cf. P. Bovati, R. Meynet, *La fin d'Israël. Paroles d'Amos*, Paris, Cerf, 1994, p. 45-58 (col. Lire la Bible, n. 101).

26. Podem-se consultar: S. Amsler, *Amos*, Neuchâtel/Paris, Delachaux/Niestlé, 1965, p. 157-247 (col. Commentaire de l'Ancien Testament, n. 11a); R. Martin-Achard, *Amos. L'homme, le prophète, l'influence*, Genève, Labor et Fides, 1984.
Sobre os fundamentos da pregação de Amós: P. E. Dion, Le message moral du prophète Amós s'inspirait-il du droit de l'alliance?, *Science et esprit*, 27 (1975) 5-34; J. L. Vesco, Amos de Teqoa, défenseur de l'homme, *Revue biblique*, 87 (1980) 481-513; T. Römer, Amos: les fondements de sa prophétie ou le problème de son "enracinement spirituel", *Cahier biblique Foi et Vie*, 23, Paris (1984) 26-34.

27. Mesma acusação em Amós 8,6a.

28. O Código da Aliança (Ex 20,22–23,19) é o mais antigo dos três códigos legislativos do Antigo Testamento. Ele remonta aos séculos VIII-VII.

sua queixa? "O credor veio para tomar meus dois filhos como escravos", diz ela a Eliseu (2Rs 4,1).

A escravidão por dívidas é, portanto, legal em Israel[29]. Mas o que é grave aos olhos do profeta é isto: por trás de certa legalidade, pode esconder-se a injustiça. Aqui, na desproporção entre a sanção e a soma devida: o preço de um par de sandálias.

Eles [...] repelem os pobres no tribunal (Am 5,12).

Outro exemplo célebre de distorção da justiça: o episódio da vinha de Nabot, no qual a montagem do processo com os anciãos e os notáveis permite que o rei tome posse legalmente da vinha cobiçada. Os bens de um condenado à morte passam com efeito ao domínio real (cf. 1Rs 21,15-16).

2. "Eles pisoteiam os fracos no chão e desviam o caminho dos pobres!" (Am 2,7a-b)

Trata-se de opressão generalizada dos pobres pelos poderosos. "Eles [...] desviam o caminho dos pobres" deve sem dúvida ser interpretado no sentido jurídico, como uma distorção dos procedimentos judiciários pretendidos pelos desfavorecidos, como ocorre no livro dos Provérbios:

> O injusto aceita suborno às escondidas para distorcer o curso da justiça (Pr 17,23).

E em outra passagem do livro de Amós:

> pois conheço [...] a enormidade de vossos pecados!

3. "Pai e filho dormem com a mesma jovem" (Am 2,7c)

São dadas a esse versículo duas interpretações:

— Ele se refere à prostituição sagrada, prática difundida no mundo cananeu. Mas Amós, ao contrário de Oséias, não se interessa pelo sincretismo religioso que ameaçaria Israel. Sua mensagem se concentra na desordem social que reina na Samaria. Além disso, o termo *na'ărâ* aqui empregado não designa nem a meretriz (*zônâ*) nem a prostituta sagrada (*q^{e}dēšâ*).

— Amós condena sobretudo a violação do direito familiar que protege a jovem, a serva, da arbitrariedade de seu senhor. Pai e filho não devem voltar-se para a mesma escrava. Os três códigos legislativos — Código da Aliança, Có-

29. Cf. Êxodo 21,2-6; Levítico 25,39-55; Deuteronômio 15,12-18; Isaías 50,1; Jeremias 34,14; Neemias 5,1-13.

digo Deuteronômico e Lei de Santidade — indicam-no de maneira explícita[30].

4. "Eles se deitam sobre roupas penhoradas [...]" (Am 2,8)

Quando o devedor insolvente penhorava o próprio casaco a seu credor, a lei obrigava este a devolvê-lo àquele antes da noite[31]. E ademais esses israelitas faziam das roupas penhoradas um uso religioso. Quanto às multas, deveriam permitir a indenização de um prejuízo e não ser uma ocasião de uma bebedeira.

É preciso observar que Amós sem dúvida denuncia faltas, mas não fala dos crimes mais claramente contrários à lei: homicídio, roubo e adultério. Ele parece visar a injustiça que se oculta no interior de certa legalidade. Que leitura teológica fazer de um texto desse tipo?

C. Leitura teológica

Três aspectos merecem ser observados.

1. Oprimir os pobres é cometer injustiça, mesmo que esteja de acordo com a lei

A mensagem de Amós não é uma simples exortação a observar a lei e a fazer o bem! É de fato uma questão de vida ou de morte. Para os profetas, e para Amós em particular, a injustiça acarretará o desaparecimento do povo. É esse o sentido da quarta visão de Amós. Este vê uma cesta de frutos de "fim do verão". E YHWH lhe diz: "Está maduro o fim para meu povo, Israel" (Am 8,2)[32].

A estrutura do texto, acusação-sanção, exprime uma relação entre as ações de duas partes: as do acusado, Israel, e as de Deus, juiz justo. Mas a estrutura desse último oráculo (2,6-16) é mais rica do que a dos oráculos anteriores (1,3–2,5) que visam às outras nações. Nos vv. 9-10, Deus intervém na primeira pessoa para recordar uma série de benefícios. "À vossa frente, fui eu que derrotei os amorreus. Fui eu que vos retirei da terra do Egito [...]". Nos vv. 10-13, o "vós" se refere àqueles que são visados pelos "eles" da denúncia do delito (vv. 6-8),

---

30. Êxodo 21,7-11; Deuteronômio 22,29; Levítico 18,17.

31. Nesse caso o Código da Aliança e o Código Deuteronômico concordam: Êxodo 22,25; Deuteronômio 24,12.17.

32. Trata-se do título do livro de P. Bovati e R. Meyne: *La fin d'Israël.*

mas confere também a esses versículos um fortíssimo valor de interpelação do ouvinte. A interpelação do v. 11 ("Não foi assim, ó filhos de Israel? Oráculo de YHWH") diz respeito à totalidade do texto e exorta a reconhecer todas as formas de pecado denunciadas desde o começo, assim como o caráter necessário e justo das conseqüências que disso se seguirão. Essa questão sugere também que o ouvinte é exortado a compreender, a buscar. A gravidade do pecado esconde-se por trás das aparências. Muitos dos comentadores observam que Amós apóia sua defesa dos pobres na antiga legislação de Israel, o Código da Aliança em particular. Encontram-se textos do livro do Êxodo que legislam sobre a venda de um inocente, a escravidão, o fato de devolver ao pobre seu casaco... É visível que Amós conhece a legislação antiga de Israel. Ao menos refere-se a ela de maneira implícita. Mas precisa suas exigências e denuncia situações que, embora aceitas pela lei, não deixam de ser menos condenáveis, porque um sentido mais agudo do ser humano as desaprova. Assim, Amós condena a venda de um inocente e a de um homem que contraiu uma dívida de pouco valor. Insurge-se contra a opressão que os poderosos fazem pesar sobre os pobres. Estes constituem para ele uma classe social que ele tem como função defender. Denuncia na pobreza uma situação de violência infligida, criada e alimentada por pessoas que não se preocupam em absoluto com os direitos do indigente. Para Amós, o pobre é um homem cujo direito é sem cessar violado, um homem obrigado a viver como oprimido. Em muitos domínios, Amós ultrapassa o direito de seu tempo[33].

2. Ser injusto é profanar a santidade do nome do Senhor

Há, em Amós, identificação entre a causa de YHWH e a dos pobres, embora a opressão a que estes são submetidos conduza ao silêncio de Deus: não há mais palavra de Deus (vv. 11-12). Deus suscitou profetas e nazires. O profeta carrega a palavra de Deus e interpreta sua vontade; o nazir testemunha que não há força nem coragem verdadeiras senão no Senhor. A perversão dos israelitas é corromper os nazires e fazer calar os profetas: as autoridades substituem a própria autoridade de Deus, que ordenara aos profetas falar. A prática da injustiça suprime a palavra de Deus. O centro do oráculo contra Israel exprime o que constitui verdadeiramente seu pecado: o povo não quis escutar os profetas.

33. Nesse último parágrafo, seguimos o artigo de J. L. Vesco (ver nota 26).

A injustiça em Israel manifesta-se, portanto, no nível da dominação do forte sobre o fraco: as vítimas são pobres e inocentes que não podem defender-se. E, num nível mais profundo, a raiz de todas as faltas está na infidelidade à palavra e no fato de que os israelitas não quiseram escutar os profetas que revelaram a autoridade superior de Deus. Seu crime foi ter desejado para si outra lei, ter tentado impor aos profetas sua vontade.

3. Justiça e eleição

A leitura do capítulo 2 de Amós mostra que há elementos comuns entre o oráculo de Técua e o Código da Aliança. Mas a categoria de aliança não é dominante em Amós. Há apenas um emprego do termo *b*[e]*rît* (Am 1,9), que designa uma aliança política. A relação entre Deus e seu povo é, no livro de Amós, expressa mais pela noção de eleição, a qual funda uma responsabilidade:

> Escutai esta palavra que o Senhor pronuncia contra vós, filhos de Israel,
> contra toda a família que eu fiz subir da terra do Egito;
> só a vós eu conheci,
> entre todas as famílias da terra;
> por isso pedirei contas a vós
> de todas as vossas iniqüidades (Am 3,1-2).

A origem de Israel como povo é um dom de Deus: libertação da escravidão do Egito, dom da terra, escolha de Davi etc. Mas esse dom é acompanhado de algumas exigências: trata-se do sentido da lei e daquilo que a estrutura do oráculo revela: eles fizeram isso e aquilo, enquanto eu... Não há correspondência alguma entre o comportamento do povo e a atitude de YHWH.

A recordação dos favores de Deus nos vv. 9-10 não se limita a destacar a ingratidão de Israel e a agravar o pecado do povo. Lembrar que Deus destruiu o que era forte em favor de seu povo que estava então fraco pode também ser compreendido como uma maneira de denunciar o pecado dos israelitas, que perverte o sentido de sua história, visto que agora são os poderosos de Israel que esmagam os pequenos. O comportamento dos israelitas é incoerente.

D. Conclusão sobre Amós

Amós se mostra defensor da justiça porque denuncia as injustiças, notadamente aquelas de que são vítimas os pobres, os fracos de todas as categorias. Amós defende, além da "viúva e do órfão", os pequenos proprietários de terra em vias de pauperização. Defensor da justiça, ele o é também ao promover uma superação da lei. Dessa maneira, ele faz uma distinção entre o legal e o moral, para retomar uma linguagem moderna. E afirma mais globalmente:

> Procurai o bem e não o mal;
> então vós vivereis,
> e assim YHWH, o Deus dos Exércitos,
> estará convosco,
> como o dizeis.
> Odiai o mal e amai o bem,
> restabelecei o direito no tribunal (Am 5,14).

III
O que diz o profeta Miquéias de Moréshet sobre a sociedade israelita?

O livro de Miquéias é fruto de um longo processo literário, mas a maioria dos exegetas concorda em atribuir ao profeta do século VIII os capítulos 1 a 3, com alguns retoques redacionais.

O título do livro (Mq 1,1) ensina-nos que Miquéias é um profeta judeu, originário de Moréshet, cidade identificada com a atual Tell el-Yudeideh, na planície situada a sudoeste de Jerusalém: "Palavra de YHWH dirigida a Miquéias de Moréshet no tempo em que Joatão, Acaz e Ezequias eram reis de Judá". Essa última indicação, pouco precisa, permite situar Miquéias na segunda metade do século VIII.

Sua pregação visa essencialmente à situação moral e religiosa de Judá. Com Amós, ele é o grande profeta da justiça social. De modo diverso de Isaías, de quem é contemporâneo, Miquéias, provinciano, não desempenha nenhum papel político, não procura influenciar os homens no poder. Ele se limita a denunciar os escândalos que comprometem o futuro de Judá. Miquéias não se lança a um discurso sobre a sociedade ideal, mas denuncia fatos concretos e observáveis.

A. Leitura dos capítulos 2 e 3

Os capítulos 2 e 3 são particularmente interessantes para o tema "Bíblia e economia", sobretudo 2,1-5 e 3,1-12; quanto aos vv. 6-12 do capítulo 2, são com freqüência datados de uma época ulterior.

No capítulo 1, Miquéias dirige-se a "todos os povos". Em seguida, ele centra sua palavra em algumas categorias do povo: as elites sociais e religiosas. Os capítulos 2 e 3 são uma série de oráculos de julgamento contra aqueles que se apropriam dos campos e das casas dos pobres: os dirigentes, os sacerdotes e os profetas. Esses oráculos desenvolvem acusações num duplo nível. Primeiro, o dos atos cometidos; depois, o das motivações dessas ações.

1. Os atos denunciados por Miquéias

> Infelizes daqueles que ficam planejando
> a injustiça e tramando o mal!
> É só o dia amanhecer, já o executam,
> porque têm o poder em suas mãos
> (Mq 2,1).

Que tipo de ação é denunciado? As exações e as injustiças dos grandes proprietários de terras:

> Cobiçam campos, e os roubam;
> querem uma casa e a tomam.
> Assim oprimem o homem e sua família,
> o proprietário e sua herança (Mq 2,2).

Encontra-se uma acusação semelhante em Isaías 5,8-10[34], mas é interessante observar a motivação desses proprietários de terras: a cobiça[35]. Desejam enriquecer e, como são poderosos, podem fazer o que querem, passar aos atos, seja qual for a injustiça de seu comportamento. Possuem e desejam aumentar ainda mais seus bens, são insaciáveis. Ricos, só pensam em tornar-se ainda mais ricos.

O capítulo 3 é formado por uma série de três oráculos que designam explicitamente as categorias sociais às quais se dirige o profeta. Esses três oráculos têm destinatários diferentes, mas todos são contra os responsáveis pela sociedade e enunciam as mesmas acusações: a corrupção e a perversão da função dos magistrados, dos profetas e dos sacerdotes. Todos, em lugar de exercer sua responsabilidade segundo o direito, se deixam corromper pelo dinheiro.

> Escutai bem, chefes de Jacó e governantes da casa de Israel! (Mq 3,1).

No primeiro oráculo (vv. 1-4), a principal censura feita aos responsáveis é a de não "conhecer o direito" (*da'at mišpāṭ*), de odiar o bem e de amar o mal. A linguagem do profeta é aqui de um realismo particularmente cru:

> Eles devoram a carne de meu povo [diz YHWH],
> raspam-lhe a pele,
> quebram-lhe os ossos,
> trincham-nos como carne na panela,
> como assado no fundo do caldeirão
> (Mq 3,3).

---

34. "Ai dos que juntam casa a casa, campo a campo, até ocuparem todo o lugar e serem os únicos a morar no meio da terra" (Is 5,8).

35. O termo traduzido por "cobiçar" é o verbo *ḥmd*, utilizado também no Decálogo: "Não cobiçarás a mulher do teu próximo, não cobiçarás a casa do teu próximo, nem seu servo, sua serva, seu boi ou seu jumento, nem nada que pertença a teu próximo" (Dt 5,21//Ex 20,17).

É a lei da salvação: o mais forte dispõe até do corpo do pobre!

> Assim fala o Senhor contra os profetas
> que desorientam meu povo (Mq 3,5a).

No segundo oráculo (vv. 5-8), o que é reprovado nesses profetas do tempo de Miquéias? Em especial, submeter a palavra profética ao ganho, ao dinheiro:

> Podem eles morder com tanto gosto?
> Proclamam a paz;
> Mas a quem não lhes põe nada na boca
> declaram a guerra (Mq 3,5b-e).

O terceiro oráculo (vv. 9-12) parece dirigir-se aos interlocutores do primeiro:

> Escutai, portanto, chefes da casa de Jacó,
> magistrados da casa de Israel,
> que tendes horror à justiça *mišpāṭ*) (Mq 3,9).

Mas não se trata de uma simples repetição. O capítulo 3 é cuidadosamente composto e deixa transparecer uma progressão:

— Nas personagens. O primeiro oráculo dirige-se unicamente aos responsáveis políticos; o segundo, aos profetas; e o terceiro reúne essas duas categorias, acrescentando a elas os sacerdotes, de sorte que, afora o próprio rei, todas as grandes instituições da época são questionadas.

— Na acusação, que consiste primeiramente na exploração desavergonhada dos pobres e, depois, nos presentes exigidos pelos profetas. O terceiro oráculo retoma essas duas acusações, estende-as a todos os responsáveis e agrega-lhes um motivo agravante: a tentativa de justificação teológica (v. 11b).

> Escutai, portanto, chefes da casa de Jacó,
> magistrados da casa de Israel,
> que tendes horror à justiça
> e tornais tortuosa toda retidão,
> edificando Sião no sangue
> e Jerusalém no crime.
> Seus chefes proferem sentenças por presentes,
> os sacerdotes ensinam por lucro,
> os profetas praticam a adivinhação por dinheiro (Mq 3,9-11).

— No castigo. No v. 4, Deus se cala e desvia a face. No v. 7, é dito que as trevas caem sobre os profetas, enquanto o v. 12 se mostra como o auge de uma progressão dramática: Deus anuncia a destruição de seu Templo, centro religioso que assegura à comunidade a verdadeira coesão.

2. As implicações teológicas de seus atos

O delito de todos esses responsáveis é agravado pela justificação teológica que eles dão a seu comportamento. Não apenas fazem o mal, a injustiça, como também julgam ter razão de agir assim!

O oráculo de Miquéias suscita um conflito entre profetas acerca da imagem de Deus (Mq 2,6-11). Miquéias não se contenta em denunciar; busca compreender a raiz do comportamento injusto. Denunciando o crime dos proprietários de terras, Miquéias, segundo seus detratores, questiona a fé tradicional, fala do que não é de sua competência, de assuntos econômicos e sociais:

> Teria sido dito isto, casa de Jacó?
> Ter-se-á esgotado a paciência de YHWH?
> Será esta sua maneira de agir?
> Não são benevolentes suas palavras?
> Acaso não acompanham o justo? (Mq 2,7).

Em outras palavras, Deus não pode enviar um castigo; ele é benevolente. Miquéias denuncia um modo de velar a injustiça por meio de um apelo à bondade e à fidelidade de Deus!

Da mesma forma, nos oráculos do capítulo 3, Miquéias ironiza o comportamento dos chefes, sacerdotes e profetas. Depois de ter denunciado suas ações malévolas, ele comenta:

> E é em YHWH que eles se apóiam! (Mq 3,11).

Os aproveitadores se crêem protegidos de toda condenação; eles dizem:

> Por acaso YHWH não está no meio de nós?
> Nada de mau nos poderá acontecer (Mq 3,11).

Miquéias põe em descrédito essa fé que se assemelha a uma "segurança completa", a uma garantia automática de salvação, sobretudo porque a crença de seus adversários é uma verdadeira perversão da fé, encoberta por uma confissão de fé impecável. A interrogação "Por acaso YHWH não está no meio de nós?" não é a retomada do grito dos israelitas no deserto?[36] Ora, de fato esses profetas tomam o partido dos ricos; a palavra de Deus é concedida em nome dos interesses próprios desses profetas, independentemente da justiça.

Além disso, a primeira palavra do oráculo do capítulo 2 transmite uma mensagem: "infelizes". Em hebraico, *hôy* não é uma fórmula de maldição, como poderia levar a pensar a tradução que às vezes se encontra por "infelicidade...!" A origem da fórmula "*hôy* + particípio"

36. Essa expressão retoma um elemento essencial da fé israelita, segundo a qual a presença de Deus se revela tranqüilizadora e benfazeja: Êxodo 33,3-5; 34,9. Ela resume a prova de Massá: Êxodo 17,7. Encontra-se também em outros escritos proféticos: Isaías 12,6 e sobretudo Sofonias (seis ocorrências apenas no capítulo 3).

deve ser buscada na lamentação fúnebre. Quando das exéquias[37], grita-se *hôy, hôy*. O termo *hôy* indica uma constatação de infelicidade: aqueles que vivem no pecado se instalam no domínio da morte. De alguma maneira já se encontram mortos ou, ao menos, caminhando para a morte. Ao mesmo tempo, a expressão deixa-se planar como uma ameaça sobre esses aproveitadores: a infelicidade chegará para eles. A injustiça conduz à morte a vítima e o autor da injustiça.

B. As estruturas socioeconômicas no contexto dos três oráculos

O primeiro oráculo de Miquéias (2,1-5) diz respeito aos proprietários de terras. A realidade da propriedade de terras, ligada à concepção da herança em Israel[38], está no pano de fundo da pregação do profeta.

1. A concepção da terra

A terra de Israel é propriedade de Deus[39]. Essa afirmação coexiste com outra: Deus deu o país de Canaã ao povo, ao conjunto, e não a indivíduos separados. É como membro de um grupo que o israelita tem acesso à terra. Quando da instalação em Canaã não houve apropriação individual da terra. As parcelas da terra, os lugares, pertenciam aos clãs, às tribos[40]. A família, subunidade do clã, tinha o desfrute da terra, que era considerada patrimônio da coletividade[41].

---

37. Cf. 1 Reis 13,30: o velho profeta volta à sua cidade para celebrar o luto e sepultar o homem de Deus. Ele exclama: "Ai [*hôy*], meu irmão". Mesma expressão em Amós 5,16; Jeremias 22,18; 34,5.
38. Sobre esse ponto, podem-se consultar: R. de Vaux, *Les institutions de l'Ancien Testament*, I, p. 89-91; P. Maon, Propriété, in *Dictionnaire de la Bible. Supplément,* VIII, 1972, col. 1337-1353; G. Wanke, נחלה, in *Theologisches Handwörterbuch zum Alten Testament*, v. 2, col. 55-59; E. Lipinski, נחלה, in *Theological Dictionary of the Old Testament*, v. 9, p. 319-335; F. Dreyfus, Le thème de l'héritage dans l'Ancien Testament, *Revue des sciences philosophiques et théologiques*, 42 (1958) 1-49; F. I. Andersen, The Social-Juridical Background of the Naboth Incident, *Journal of Biblical Literature*, 85 (1966) 46-57; J. L. Sicre, *Con los pobres de la tierra:* la justicia social en los profetas de Israel, Madrid, Cristiandad, 1984; Id., Diversas reacciones ante el latifundismo en el antiguo Israel, in N. Fernández Marcos, J. C. Trebolle Barrera (orgs.), *Simposio bíblico español*, Madrid, Universidad Complutense de Madrid, 1984, p. 393-412; J. A. Derman, *Property Rights in the eight Century Prophets*, Atlanta, Scholars Press, 1988.
39. "Eles não poderão permanecer na terra de YHWH" (Os 9,3); cf. também Jeremias 2,7.
40. É o que indicam as enumerações de lugares geográficos no livro de Josué.
41. O livro dos Números, entre outros, tem vestígios dessa realidade: "O Senhor falou a Moisés: 'Entre estes clãs é que será repartida a terra; as partes serão proporcionais ao número de pessoas. A um clã mais importante, darás uma parte maior, e a um clã menos numeroso darás uma parte menor'" (Nm 26,52-54).

Como foi então possível adquirir bens? E, em especial, como pôde um domínio real constituir-se? Os reis de Israel e de Judá tiveram a possibilidade de aumentar o "domínio real" de diversas maneiras. A principal foi a conquista. Um dos lugares mais célebres foi Jerusalém, conquistada pelos mercenários de Davi (2Sm 5,6-11). Jerusalém é "a cidade de Davi". Um segundo meio foi a compra de terras. Dessa forma, Davi, sempre ele, comprou a área de Areúna (2Sm 24,24) para servir de localização do futuro Templo. Omri, soberano do reino do norte no século IX (886-875), apoderou-se da vinha de Nabot (1Rs 21) legalmente: bastou-lhe fazer condenar Nabot por falso testemunho para tomar posse da vinha cobiçada, pois os bens de um condenado à morte passavam ao domínio real.

Ligada à propriedade de terras, a questão da herança aflora em vários textos bíblicos, em particular no capítulo 2 do livro de Miquéias:

> Cobiçam campos, e os roubam;
> querem casas, delas se apoderam.
> Exploram o proprietário e sua família (*bayit*),
> o homem e sua herança.

A palavra "herança" (*nahălâ*) não designa uma coisa, um objeto que se tenha; representa sobretudo uma relação do possuidor com a terra. De acordo com Maon[42], não se pode, além disso, falar de sucessão no sentido estrito, mas antes de continuação familiar. Os herdeiros continuam e prolongam os pais na linhagem, a *bayit* (Mq 2,2), de maneira viva, única e nunca interrompida. Isso explica por que os bens pelos quais a família se vincula à terra devem ser guardados intactos de uma geração a outra[43]. Nesse quadro, não se trata de suceder alguém como possuidor de um bem, mas de suceder alguém na guarda e na gestão de um bem que pertence ao grupo ao qual a divindade o deu. O uso, o "direito", enfatiza, portanto, a continuidade. A terra não se desvincula da família.

2. A situação no século VIII

Miquéias denuncia, tal como Isaías (5,8-10), um grave problema de acumulação injusta de terras e de bens. O funcionamento tradicional da propriedade de terras e da herança e, conseqüentemente, as bases da sociedade israelita são questionados. Como explicar esse fenômeno? Parece possível apresentar três causas principais para a degrada-

---

42. P. Maon, Propriété, in *Dictionnaire de la Bible. Supplément*, VIII, col. 1347.
43. Compreende-se assim a reação ofuscada de Nabot diante da proposta, feita por Acab, de comprar ou trocar sua vinha: "Pelo Senhor! Seria um sacrilégio de minha parte dar-te a herança de meus pais" (1Rs 21,3).

ção social[44]: a introdução do dinheiro-moeda na vida econômica, a extensão do comércio e uma aplicação mais rigorosa da legislação sobre as dívidas. A estrutura social seminômade que subsistira nos séculos X-IX não permitiu que o comércio e a moeda se desenvolvessem suficientemente. No século VIII, o desenvolvimento e a riqueza levaram algumas estruturas socioeconômicas a se romper. Devem-se acrescentar a isso o fenômeno de urbanização, que também contribuiu para minar as estruturas tradicionais, e o aparecimento de novas classes sociais (de funcionários, diplomatas, soldados, prefeitos...), que sem tardar se apossaram de imensas propriedades. Com a ajuda da cupidez, esses novos quadros constituíram-se de grandes domínios, desapossando injustamente os pequenos camponeses de suas terras... Essa evolução econômica e social ocorreu à custa dos pequenos e dos pobres. Para aumentar seus bens, os ricos utilizaram todos os meios: subornos, expropriações, julgamentos iníquos e até assassinatos[45].

C. Conclusão sobre Miquéias

O livro de Miquéias é o reflexo de uma evolução da sociedade israelita. Miquéias denuncia com vigor as desastrosas conseqüências no plano moral da revolução social que acompanhou a mudança política quando do advento da realeza... O profeta dá a conhecer as injustiças decorrentes dessas mudanças, particularmente no que diz respeito à apropriação da terra. Ele questiona os chefes e os responsáveis (os poderes político, econômico, judiciário, religioso), cuja perversão vai ao ponto de justificar seus atos em nome de Deus.

IV
Tem o profeta um papel na vida econômica?

Ao final da leitura desses poucos textos dos profetas do século VIII — Isaías, Amós e Miquéias —, convém retomar a questão inicial: Há justiça econômica nos profetas?

A. Atualização da palavra profética

Um pequeno desvio pela atualização desses textos pode esclarecer. Como a tradição, como as igrejas dos séculos XX

44. Cf. R. Bohlen, *Der Fall Naboth.* Form, Hintergrund und Werdegang einer alttestamentlichen Erzählung (1 Kön 21), Trier, Paulinus, 1978; R. Martin-Achard, La vigne de Naboth (1Rois 21), *Études théologiques et religieuses*, 66 (1991) 1-16; assim como o artigo de F. I. Andersen citado na nota 38.
45. Seguimos aqui as análises de B. Renaud, *Michée, Sophonie, Nahum*, Paris, Gabalda, 1987, p. 41-42 (col. Sources bibliques).

e XXI recebem esses profetas? Procuram neles um esclarecimento para refletir sobre a justiça no domínio econômico, domínio invasor se assim é, hoje?

Na terceira parte de seu livro sobre Amós, intitulada "L'influence" [A influência], R. Martin-Achard apresenta um breve histórico da recepção do livro de Amós. Exceto os sermões virulentos de Savonarola, dominicano florentino da segunda metade do século XV, a tradição eclesial insistiu sobretudo nas releituras atualizadoras "deuteronomistas" e na adjunção final que abre ao povo perspectivas messiânicas. Os oráculos que denunciam a injustiça social são pouco relidos.

Cada época tem seus textos preferidos da Escritura, seus "pedaços escolhidos". É certo que na segunda parte do século XX os textos proféticos sobre a justiça foram revalorizados, em especial numa luta mais vigorosa pela justiça, depois da Segunda Guerra Mundial, e nos movimentos de libertação dos países "em vias de desenvolvimento".

Alguns exemplos dessa atualização da palavra profética:

1. A teologia da libertação na América Latina inspira-se no relato bíblico do Êxodo, mas também numa releitura atualizada dos textos proféticos. O exegeta Carlos Mesters[46], grande animador das comunidades de base no Brasil, relê os textos bíblicos fazendo uma analogia entre a situação de Israel sob Jeroboão II e a situação do Brasil hoje. À luz da palavra esclarecedora de Deus, o profeta Amós percebeu as contradições da realidade histórica de seu tempo. Ele incomodou as autoridades (o sacerdote Amasias e o rei Jeroboão II) porque se posicionou do lado de Deus contra as estruturas do pecado, a ponto de ser expulso do santuário de Betel. O procedimento de C. Mesters é o seguinte: os profetas são recolocados no contexto histórico, o estudo de sua mensagem prolonga-se naturalmente no exame da realidade hoje e desemboca numa série de questões que devem favorecer uma reflexão e um engajamento pessoal. As escolhas de Amós, em nome de Deus, informam as tomadas de posição dos cristãos na época e no lugar em que vivem.

Quando percorremos o índice de *La documentation catholique* destes últimos vinte anos, surpreendemo-nos com o número de textos publicados sobre a política da terra que fazem referência aos textos proféticos. Menciono apenas dois:

— A Comissão Brasileira Justiça e Paz publicou, em 1981, um texto sobre

46. C. Mesters, *La mission du peuple qui souffre:* la non-violence des pauvres dans les 4 chants d'Isaïe, Paris, Cerf, 1984. Id., La théologie de la libération et la lecture biblique, *Biblica*, 49 (1997) 12-17.

o "problema da terra no Brasil"[47], em que analisa a situação da propriedade agrícola:

> A existência de imensos "latifúndios" de centenas de milhares de hectares significa [...], para os pequenos e médios camponeses, mas também para os índios da Amazônia, condições de miséria e de exploração[48].

— Quando de sua viagem pastoral ao Brasil em 1991, João Paulo II pronunciou uma homilia em favor da reforma agrária com várias referências a Isaías, em especial a Isaías 5,8. Retomando assim *Gaudium et Spes*, ele declara que se trata de "distribuir as propriedades insuficientemente cultivadas àqueles que podem valorizá-las"[49]. A concentração da propriedade de terras no Brasil exige uma reforma agrária, diz ele, antes de concluir:

> Não se deixem abater por nenhuma justiça terrena. No fim, a justiça será feita. Todos vocês, que são responsáveis pela sociedade, façam por conseguinte todo o possível para que, na vida dos homens e na vida da sociedade, a injustiça ceda lugar à justiça[50].

2. Em 1986, a carta dos bispos estadunidenses sobre a justiça econômica, publicada depois de longas consultas, apresenta-se, em seu capítulo II, como "seção doutrinal", e a dedica às "Perspectivas bíblicas" que retomam a concepção profética da justiça. Os bispos estadunidenses praticam a autêntica teologia bíblica! Encontramos nesse texto considerações sobre o profetismo:

> O essencial da fé profética é proclamado por Miquéias: "Fazer justiça, amar com ternura, caminhar humildemente com Deus" (Mq 6,8). A fé bíblica em geral e a fé profética em particular insistem no fato de que a fidelidade à aliança pressupõe o encontro entre a obediência a Deus e o respeito e a preocupação com o pobre. Os termos bíblicos que melhor resumem essa dupla dimensão da fé de Israel são *sedaqah*, justiça (também traduzido por retidão), e *mishpat* (julgamento eqüitativo ou justiça encarnada num ato ou num fato concretos). A interpretação bíblica da justiça dá uma perspectiva fundamental a nossas reflexões sobre a justiça social e econômica[51].

---

47. Comissão Brasileira Justiça e Paz, Igreja e problemas da terra, Documento aprovado na 18ª Assembléia da CNBB, 14 de fevereiro de 1980.
48. Ibid., p. 702.
49. *Gaudium et Spes*, § 71.
50. *La documentation catholique*, n. 2039 (1991) 1032.
51. Conférence Nationale des Évêques Catholiques des États-Unis, *Justice économique pour tous.* Lettre pastorale des évêques des États-Unis sur l'enseignement social catholique et l'économie américaine, Paris/Albeuve, Cerf/Castella, 1988, p. 63.

3. No Jubileu do ano 2000. A palavra "jubileu" designa na Bíblia uma realidade precisa: o pousio das terras, a restituição das propriedades vendidas por dívidas, assim como o fim da escravidão por dívidas a cada 49/50 anos. Nos numerosos estudos[52], conferências e reflexões que ocorreram no âmbito do Jubileu do ano 2000, as referências mais numerosas foram aos textos da Torá, notadamente Levítico 25, mas o apelo ao perdão das dívidas dos países pobres foi relacionado com freqüência aos apelos dos profetas à justiça.

4. Num número recente da revista *Études*, um sugestivo artigo de A.-M. Pelletier se intitula: "Pour que la Bible reste un livre dangereux" [Para que a Bíblia permaneça um livro perigoso][53]. Pelletier escreve o seguinte sobre os profetas:

> A Bíblia é palavra destinada a incomodar [...]. A voz dos profetas desempenha o papel das perguntas de Deus: "Como se tornou ela uma prostituta, a cidade fiel? Sião, plena de lealdade, a justiça nela habitava, e agora só há assassinos" (Is 1,21) [...]. É assim que, com uma lucidez crua — que permanece plenamente atual —, a tradição profética identifica o erro do político que se apodera do religioso para tirar a mácula de suas tiranias e melhor submeter os homens [...]. Não há dúvida de que a Bíblia possui um temível poder de contestação [...], um formidável poder crítico sobre as sociedades que a lêem[54],

sendo este o exato momento em que a Bíblia encontra um lugar na grande paisagem mundial dos bens culturais.

B. O papel dos profetas

À luz de alguns textos proféticos que acabam de ser abordados, o que é possível dizer do papel dos profetas, em particular na vida econômica? Farei uso de dois pontos para delimitar o papel e a função dos profetas. O profeta é aquele que cuida das relações de seu povo para que sejam segundo a justiça, a *ṣᵉdāqâ*. É, ainda, aquele que tem como missão não propor um modelo socioeconômico, mesmo justo, mas sim abrir brechas.

1. O profeta denuncia as injustiças e vela pela fraternidade

O papel social do profeta é primordialmente denunciar a venalidade

52. Cf. T. Ostborne, Repères bibliques en vue de l'année jubilaire, *Biblica*, 52 (1999) 21-26.
53. *Études*, 3974 (octobre 2002) 335-346.
54. Ibid., 343-344.

e a corrupção de todos os tipos. Ele se insurge contra práticas que prejudicam as pessoas num contexto socioeconômico preciso: o da transformação da sociedade israelita e suas conseqüências — pauperização dos pequenos proprietários, escravidão por dívidas, cupidez, corrida em busca de bens de todos os tipos. Mas não se pode negar que a evolução jurídica e econômica da propriedade é inevitável em conseqüência das mudanças do século VIII. Qual é então a missão do profeta no interior da sociedade? Ao criticar as injustiças, acaso defende a ordem e a sociedade tradicionais? Tem por meta bloquear toda a evolução? Se Miquéias denuncia a exploração daqueles que roubam campos e casas, não o faz para defender a organização social tradicional. Ele não defende um sistema socioeconômico; defende pessoas oprimidas pelos responsáveis por esse sistema. Miquéias não propõe outra organização da propriedade; não é esse seu papel. Seu papel é desvelar o que não funciona, denunciar, recordar o direito dos pobres e dos oprimidos, exortar à justiça.

No que diz respeito a isso, o profeta não é revolucionário nem conservador. É a consciência crítica de sua época, junto a um povo que recebeu a vocação de ser o povo de Deus, com as exigências fraternais e comunitárias que a aliança implica. O fundamental para os profetas não é um sistema de herança e de propriedade, mas os homens, em especial os pobres. Cabe a outros ocupar-se das leis e dos programas econômicos.

Isso não significa que o profeta se encerre numa seqüência estéril de denúncias e nada proponha. O papel do profeta é suscitar uma esperança, exortar as pessoas a ter confiança num futuro em que Deus estará "no meio delas". Esta é a riqueza da *ṣ^{e}dāqâ*: pôr em prática as condições de um viver conjunto; em termos mais modernos, reconhecer o que pode vivificar o vínculo social. Esse pôr em prática pressupõe o reconhecimento de que de YHWH, Deus justo, vêm a justiça, a acolhida do dom da vida e a inquebrantável confiança de que ele não abandona quem nele põe sua fé: "Se não crerdes, não subsistireis", para citar uma última vez o profeta Isaías (7,9).

2. O profeta é aquele que abre brechas

Na história da Igreja, pensou-se às vezes em promover economias cristãs que fossem justas e políticas cristãs, como se a fé cristã pudesse ser englobante, uma visão de mundo específica capaz de concretizar-se na construção de sociedades cristãs, uma cultura alternativa que se pudesse promover como tal. Não se pode dizer que isso tenha tido um grande sucesso. As Reduções do Paraguai[55] não duraram.

Se dirigimos um olhar global ao mundo de hoje, o mínimo que podemos dizer é que ele nos escapa. T. Radcliffe fala de um "mundo em fuga"[56]. A economia de mercado é mais conquistadora do que nunca, mas como um barco que já não controla sua direção. No fundo, não sabemos para onde vai nosso mundo. O poder político parece na maioria das vezes seguir a máquina econômica sem poder influenciar as conseqüências da desenfreada busca de lucro máximo.

Nesse contexto, as palavras dos profetas do século VIII, numa sociedade tão diferente da nossa, podem parecer bem distantes. Ora, se justamente o profeta não é aquele que propõe um programa de justiça econômica, mas o que abre brechas, aquele que busca, em sua sociedade, em sua cultura, dizer e viver sua fé num Deus de justiça, é de fato possível que sua palavra seja de uma atualidade desorganizadora, sem dúvida, mas vital, para nossas sociedades ocidentais à beira da asfixia espiritual.

55. Muito embora as Reduções tenham dado resultados positivos durante 150 anos. As "Reduções" designam os povoados-paróquias dos índios guaranis do Paraguai, criadas pelos jesuítas. Essa utopia social, econômica e política, por vezes denominada "República Jesuíta dos Guaranis", durou 150 anos (1609-1768). Cf. S. Abou, *La République jésuite des Guaranís (1609-1768) et son héritage*, Librairie académique Perrin/Unesco, 1995.

56. T. Radcliffe, La mission dans un monde en fuite: les futurs citoyens du Royaume de Dieu, *La documentation catholique*, n. 2245 (2001) 337-344.

O modelo socioeconômico da primeira comunidade cristã

Justin Taylor

O objeto deste estudo é, para falar de modo exato, a comunidade de vida e de bens na primeira Igreja em Jerusalém segundo os Atos dos Apóstolos. É obrigatória uma observação preliminar: não se pode — com base em uma boa metodologia — supor que a forma pela qual a Igreja dos Atos era praticada por essa comunidade fosse a única a existir no cristianismo nascente. Com efeito, veremos que mesmo os textos dos Atos — por mais simples que pareçam — falam de mais de uma forma de comunidade de vida e de bens. No entanto, esses textos neotestamentários podem ser lidos à luz de textos de proveniência não-bíblica que pressupõem um modelo socioeconômico. E tais textos bíblicos também forneceram um modelo socioeconômico que teve uma grande e longa influência na história do cristianismo.

I
Visão de conjunto

A comunidade de vida e de bens na Igreja primitiva é um tema que nos valeu, no decorrer do tempo, numerosos comentários, na maioria das vezes edificantes. Mais recentemente, a análise voltou-se para os sumários de Atos 2,44-45 e 4,32-35[1]. Os exegetas se questionam particularmente acerca de dois pontos: essas passagens descrevem de modo realista o tipo de vida da comu-

1. Ver o apêndice deste artigo, p. 88.

nidade de Jerusalém, ou o retrato que nos oferecem foi idealizado ou, até mesmo, inventado? O que devemos pensar dos paralelos que se desejaram traçar com os essênios ou com algumas fontes gregas ou helenísticas?[2]

A meu ver, Atos 2,44 descreve uma estrita comunidade de vida e de bens praticada pelos discípulos imediatos de Jesus e alguns, ao menos, dos que se tinham juntado a eles: estavam "juntos" e tinham "todas as coisas em comum". Interpreto essas expressões nesse contexto de maneira literal. O versículo 45 esclarece o que essa comunidade de bens significava de fato: aqueles que tinham bens ou posses os vendiam, implicitamente, quando de sua entrada na comunidade à qual ofereciam os ganhos. Além disso, o mesmo versículo diz que os bens postos em comum eram distribuídos aos que passavam necessidades. Os dois versículos são perfeitamente coerentes em sua descrição de uma estrita comunidade de vida e de bens tal como era praticada em numerosos grupos altamente motivados na Antiguidade e mesmo hoje. A triste história de Ananias e de sua mulher, Safira, narrada no capítulo 5 dos Atos, é muito bem compreendida num contexto desse tipo. Por fim, a simplicidade desses dois versículos não significa necessariamente que eles se refiram a uma comunidade pouco estruturada.

Alguns exegetas supuseram que a comunidade de bens não foi praticada pelo grupo inicial, mas introduzida mais tarde, talvez sob a pressão dos "helenistas", citados várias vezes nos Atos[3], ou então "tomada de empréstimo" de algum outro grupo — por exemplo, de uma comunidade essênia em Jerusalém[4]. Em vez disso, ela corresponde, em minha opinião, ao tipo de vida levado por Jesus e seus discípulos imediatos tal como é descrito nos evangelhos (cf. Mt 15,21.27.29; Jo

2. H. Conzelmann (*Die Apostelgeschichte*, Tübingen, J. C. B. Mohr/Siebeck, 2. ed. rev., 1972, p. 37 — col. Handbuch zum Neuen Testament, n. 7) acredita que a descrição feita por Lucas não é histórica, mas reinterpreta dados tradicionais do conhecimento que o autor tinha dos grupos "comunistas", reais ou imaginários. Sobre as analogias com os essênios e outros grupos, ver H. J. Klauck, Gütergemeinschaft in der klassischen Antike, in Qumran und im Neuen Testament, *Revue de Qumran*, 11/1 (1982) 47-79.

3. É essa a tese de G. Theissen, Urchristlicher Liebeskommunismus, in T. Fornberg, D. Hellholm (orgs.), *Texts and Contexts:* Biblical Texts in their Textual and Situational Contexts. Essays in Honour of Lars Hartman, Oslo/Boston, Scandinavian University Press, 1995, p. 689-712.

4. Estudaremos mais detidamente as analogias entre as práticas da comunidade dos Atos e as dos essênios. Segundo a tese desenvolvida por É. Nodet e J. Taylor (*Essai sur les origines du christianisme.* Une secte éclatée, Paris, Cerf, 1998, ^{2}2002 — col. Initiations), a cultura religiosa e social do meio de origem do cristianismo estava próxima da dos essênios.

12,6; 13,29 etc.)[5]. Isso deixa em aberto, evidentemente, o problema da origem de tal prática no grupo que se reunia em torno de Jesus. Mesmo nos evangelhos, porém, nem todos os que se supõe terem seguido Jesus vendiam suas posses; assim, as mulheres que acompanhavam Jesus e seus discípulos em Lucas 8,1-3 deviam ter meios para satisfazer suas necessidades, e Marta, de acordo com Lucas 10,38, tinha uma casa na qual podia receber hóspedes. Não nos surpreenderá, portanto, inferir dos Atos que houve outra maneira, menos estrita, de praticar a comunidade de vida e de bens.

Trata-se da maneira descrita em Atos 4,32. Não é dito que todos os fiéis estavam "juntos", mas que o grupo tinha "um único coração e uma única alma" e que "ninguém dizia que alguma de suas posses pertencia a si, mas que tudo era partilhado com todos". Em outras palavras, à unidade psicológica e espiritual — mais do que física — do grupo correspondia uma atitude segundo a qual seus membros estavam prontos a pôr seus bens, dos quais permaneciam possuidores em direito estrito, à disposição de todos[6]. Eis por que, em Atos 12, Maria, a mãe de João Marcos, recebe em sua casa o grupo que acompanha Pedro.

Os versículos 34-35 não têm harmonia perfeita com o versículo 32, como observaram vários exegetas. Eles nos informam em primeiro lugar "que não havia nenhum indigente entre eles", descrevendo depois as instituições concretas que asseguravam esse fato. Havia uma caixa comum, alimentada pelo produto da venda dos bens, que Lucas crê ilustrar pelo caso exemplar de Barnabé, relatado nos versículos 36-37. Essa caixa estava sob o controle dos apóstolos, e tirava-se dinheiro dela para dar a cada um segundo suas necessidades. Ao menos primitivamente, esses dois versículos parecem ser um desenvolvimento de 2,45 e supõem uma prática estrita análoga à da comunidade de bens; mas, no contexto atual, talvez eles tenham por objetivo ilustrar a prática menos estrita descrita em 4,32. Se for esse o caso, será preciso dizê-lo, Lucas introduziu em seu relato uma fonte de grande confusão para seus comentadores.

Mesmo se admitimos — com Boismard e Lamouille[7] — que o segundo su-

5. Cf. M.-É. Boismard, A. Lamouille, *Les Actes des deux Apôtres*, v. II. *Le sens des récits*. Paris, Gabalda, 1990, p. 32 (col. Études bibliques, n.s., n. 13).
6. Para uma interpretação análoga dos dois sumários, ver T. Kato, Le caractère lucanien de l'image de la communauté primitive de Jérusalem em Ac 4,32-35, *Annual of the Japanese Biblical Institute*, 20 (1994) 79-95.
7. M.-É. Boismard, A. Lamouille, *Les Actes des deux Apôtres*, v. III. *Analyses littéraires*, Paris, Gabalda, 1990, p. 57-65 (col. Études bibliques, n.s., n. 14).

mário, em 4,32-35, pertence a um nível redacional mais tardio que o de 2,44-45, isso não implica necessariamente que as realidades que ele descreve devam ser colocadas numa ordem sucessiva, como se de uma prática estrita da comunidade de vida e de bens se tivesse chegado, no curso do tempo, a uma prática menos estrita. Em vez disso, como os evangelhos parecem supor, as duas formas foram provavelmente praticadas muito cedo e simultaneamente. Uma coexistência desse tipo de diferentes formas de comunidade de bens é atestada entre grupos essênios. É verdade que, no tempo de Lucas, para não falar de períodos mais tardios, os cristãos em conjunto guardavam seus bens e eram encorajados a praticar uma generosa caridade para com seus irmãos e irmãs na fé que estivessem passando por necessidades, como de resto o vemos no Novo Testamento e na antiga literatura cristã. Mas a prática estrita da comunidade de vida e de bens pode ter sobrevivido; de todo modo, nós a reencontramos no monaquismo.

É essa a visão de conjunto que formei a respeito dessas questões. É necessário agora propor análises mais precisas dos textos e dos argumentos que podem apoiar minhas interpretações.

II
O primeiro sumário: Atos 2,44-45

Acabo de dizer que 2,44 descreve uma estrita comunidade de vida e de bens praticada pelos discípulos imediatos de Jesus e por alguns, ao menos, dos que se tinham juntado a eles. Devemos dizer que isso é mais evidente no que se denomina — um pouco abusivamente — Texto Ocidental (TO) do que no texto usual desse versículo. Sem detalhar em demasia, é indispensável dizer algo sobre o TO[8]. Trata-se de uma série de variantes provenientes de um grupo de testemunhos bastante constantes que se lêem no decorrer do livro dos Atos. Figuram entre esses testemunhos o Codex greco-latino chamado "de Beza", do século V, mas também as versões mais antigas feitas em latim, em siríaco e em copta, assim como as citações mais antigas dos Atos, que são encontradas em Ireneu por volta do fim do século II. Mostram-se muito divididas as opiniões dos especialistas sobre a origem dessas variantes e sobre sua relação com as

8. Cf. M.-É Boismard, *Le texte occidental des Actes des Apôtres*. Édition nouvelle entièrement refondue, Paris, Gabalda, 2000 (col. Études bibliques, n.s., n. 40).

lições da maioria dos manuscritos gregos. Quanto a mim, partilho a opinião do padre M.-É. Boismard, de acordo com a qual as lições ditas "ocidentais" provêm na maioria das vezes de uma forma do texto grego mais primitiva que aquela testemunhada pela maioria dos textos gregos atuais. Entre estes, são considerados de elevada autoridade os grandes testemunhos do Texto Alexandrino (TA), em particular o Codex Vaticanus, do século IV.

No que diz respeito à comunidade de vida, o TO diz literalmente: "E todos aqueles que acreditavam estavam no mesmo (*epi to auto*)" (2,44). Essa expressão grega significa que aqueles dos quais fala ora estão *em conjunto*, ora são *unânimes*. Pode-se muito bem traduzir: "Todos aqueles que acreditavam estavam no mesmo lugar". É interessante, contudo, observar que a mesma expressão *epi to auto* traduz na Setenta a palavra hebraica *ya .had*; esse advérbio, tomado como um substantivo nos documentos de Qumran (*ha-ya.had*), costuma designar a própria comunidade. As primeiras palavras desse versículo, no TO, podem, portanto, ser traduzidas por: "Todos os fiéis eram [uma] comunidade"[9]. Já o TA parece enfatizar sobretudo a unanimidade dos fiéis.

Essa insistência numa estrita comunidade de vida no TO de 2,44 harmoniza-se com a afirmação de que "eles tinham tudo em comum", que deve ser tomada aqui em seu sentido literal. A Regra da comunidade de Qumran, por seu turno, insiste especialmente no fato de formar uma comunidade não apenas de vida, mas também de bens (1QS 1,11s. e 5,2)[10].

O versículo 45 do TO prossegue explicando o que significa na prática essa comunidade de bens: "e todos aqueles que tinham bens ou posses, vendiam[-nas] e distribuíam o produto aos que estavam em necessidade". Isso recorda a exortação feita por Jesus ao notável em Lucas 18,22 (e paralelas): "Vende tudo o que tens, distribui-o aos pobres [...] depois vem e segue-me" (cf. também Lc 12,33). Se supomos que "todos aqueles que acreditavam" viviam juntos, e tinham tudo em comum, temos de supor também que todos os que tinham bens ou posses os vendiam no momento de entrar na comunidade, em benefício daqueles que estavam em necessidade. Trata-se sem dúvida

9. Ver também B. J. Capper, Community of Goods in the Early Christian Church, in H. Temporini, W. Haase (orgs.), *Aufstieg und Niedergang der Römischen Welt*, II.26.2, Berlin/New York, Walter de Gruyter, 1995, p. 1739-1740.

10. *Règle de la communauté,* in *La Bible. Écrits intertestamentaires*, Paris, NRF Gallimard, 1987, p. 10-11, 22 (col. Pléiade).

de ajudar os necessitados em geral, mas, em primeiro lugar, os membros do próprio grupo.

As duas palavras gregas que designam os bens vendidos são *ktēmata* e *hyparxeis*. Ambas podem significar de forma geral "posses", mas cada uma tem uma significação mais precisa: a primeira costuma fazer referência a bens fundiários, tais como casas ou fazendas; a segunda pode significar especialmente "bens móveis". Desse modo, a intenção do texto é enfatizar que se vendiam todas as posses, quaisquer que fossem. Uma interpretação dessa espécie corrobora a idéia de que essa passagem descreve antes um autodespojamento radical dos próprios bens quando da entrada na comunidade do que uma venda parcial de tempos em tempos[11].

Embora seja breve e não entre em detalhes, nossa passagem parece descrever uma forma radical de comunidade de vida e de bens que se assemelha à dos essênios, segundo o testemunho de Flávio Josefo (*G.J.,* 2,122):

> Entre esses desprezadores da riqueza, reina um maravilhoso espírito de compartilhamento, não se podendo encontrar entre eles nenhum que supere os outros pela fortuna; pois é de regra que aqueles que entram na seita abandonem seus bens em favor da Ordem, muito embora não se veja em nenhum deles a abjeção da miséria nem o enfatuamento da riqueza, e que, estando os bens de cada um fundidos na massa, não haja mais do que uma única fortuna para todos, como entre irmãos[12].

A Regra da comunidade de Qumran[13] especifica que, ao final de um ano de provação, "bens e ganhos" do candidato devem ser devolvidos ao responsável, sem ser porém unidos aos bens da comunidade até o encerramento bem-sucedido de um segundo ano de provação. Observamos aqui a utilização de duas palavras diferentes para designar os "bens", como em Atos 2,45, sem dúvida com a intenção de precisar que todas as espécies de bens deviam ser devolvidas à comunidade.

---

11. No mesmo sentido, C. K. BARRETT, *A Critical and Exegetical Commentary on the Acts of the Apostles*, Edimbourg, T. & T. Clark, 1994, v. I, p. 169 (col. The International Critical Commentary on the Sacred Scriptures of the Old and New Testaments).
12. FLAVIUS JOSÈPHE, *Guerre des Juifs*, 2, 122, org. e trad. A. Pelletier, Paris, Les Belles Lettres, 1980, t. II, p. 31-32 (col. Des universités de France).
13. 1QS 6,13-22. *Règle de la communauté,* in *La Bible. Écrits intertestamentaires*, p. 27-28.

III
O segundo sumário: Atos 4,32-35

A. Observações preliminares

Os comentadores estão em geral de acordo no que se refere a reconhecer que o versículo 33, primitivamente, não pertencia ao conjunto formado pelos versículos 32 e 34-35. É verdade que essa nota relacionada ao testemunho dado pelos apóstolos, com grande vigor, sobre a ressurreição do Senhor Jesus Cristo se mostra como um corpo estranho no contexto imediato: ela interrompe, sem uma razão evidente, a informação vinculada com a comunidade de vida e de bens. De fato, o tema do "testemunho da ressurreição" é o principal motivo de toda a seção dos Atos que começa em 3,21. Se assim é, perguntamo-nos por que o versículo 33 foi inserido nesse lugar específico. Duas respostas são possíveis, uma "diacrônica" e outra "sincrônica", e elas não se excluem mutuamente. A intenção de Lucas pode ter sido romper a continuidade entre o versículo 32 e os versículos 34-35 para indicar discretamente que eles não provêm da mesma fonte. Entretanto, no interior da estrutura desse relato, as palavras que terminam o versículo 33 — "E uma grande graça estava sobre eles" — podem formar uma ponte com o versículo 34, que começa com estas palavras: "*Com efeito* não havia nenhum indigente entre eles [...]". Em outros termos, a ausência de "indigente" entre os membros da comunidade, explicada nesses versículos pela instituição de uma caixa comum, é finalmente um aspecto da "graça" que estava sobre eles, fluindo, como era o caso, do testemunho dado à ressurreição pelos apóstolos[14].

Uma comparação dos dois sumários mostra que o de Atos 4 pode ser considerado um desenvolvimento do de Atos 2; o paralelo é surpreendente sobretudo entre 2,45 e 4,34-35. Por um lado, o último é mais bem elaborado; Atos 2,45 (TO) diz: "e todos aqueles que tinham bens ou posses", ao passo que em 4,34 se lê esta formulação perifrástica: "Todos aqueles que eram possuidores de terras ou de casas". O segundo sumário procura também apresentar as realidades de um modo que se mostrem mais familiares aos leitores gregos, aludindo às máximas gregas que falam da amizade e das tradições gregas de comunidades filosóficas. Por outro lado,

14. As duas interpretações são citadas por E. Haenchen, *Die Apostolgeschichte*, Göttingen, Vandenhoeck & Ruprecht, [15]1968, p. 190 e 188 (col. H. A. W. Meyers Kritisch-exegetischer Kommentar über das Neue Testament).

embora retome e transponha os termos da passagem mais antiga, ele pressupõe uma forma de vida e de compartilhamento dos recursos materiais um pouco diferente, como veremos agora com mais detalhes.

Uma primeira pergunta se impõe: esses versículos correspondem à realidade ou não passam de uma criação puramente literária? Esse sumário é acaso algo mais que uma generalização dos incidentes relacionados com Barnabé e o casal Ananias e Safira narrados nos relatos que se seguem imediatamente (4,36-37 e 5,1-11) e transmitem materiais tradicionais, de valor mais ou menos histórico? Ou ainda: teria esse texto sido tecido por Lucas com base em alguns motivos literários? Creio que Lucas descreve nesses sumários realidades que se atêm a tradições e que essas coisas não podem reduzir-se simplesmente a particularidades de alguns indivíduos. Pode-se ao menos mostrar que a comunidade de bens descrita por ele oferece analogias com alguns grupos contemporâneos. Alguns *topoi* literários podem ter influenciado a formulação de sua descrição (como podem mesmo ter influenciado algumas práticas), mas isso não significa que o que ele descreve nunca tenha existido.

B. A comunidade de vida

O versículo 32 começa com a afirmação de que "a assembléia [*plēthos*] daqueles que tinham acreditado não tinha senão um coração e uma alma". Quanto à palavra grega *plēthos*, é preciso de fato ser traduzida aqui por "assembléia", isto é, um grupo que não é simplesmente uma "multidão" indeterminada, mas que é estruturado e ao qual a pertinência é limitada, se não em número, ao menos em qualificação; essa assembléia, enfim, é um corpo caracterizado pela habilidade em agir e em decidir. É realmente assim que a comunidade de Jerusalém se apresenta nos Atos. Esse termo não é utilizado na passagem paralela de 2,44, mas poderia ter sido. Além disso, o fato de descrever os membros desse grupo como detentores de "um coração e uma alma" introduz uma insistência na unanimidade do grupo que permite entender que essas pessoas não praticavam uma estrita comunidade de vida e de bens.

O TO insiste na unidade dos fiéis acrescentando: "e não havia nenhuma divisão entre eles". A palavra "divisão" (*diakrisis*) evoca dissensões possíveis no interior da comunidade. No contexto mais amplo dos Atos, existe um contraste implícito com comunidades judaicas que estavam submetidas a dissensões (At 19,9; cf. 18,6s.; 23,7). Além disso, Lucas não deixa de relatar algumas dissensões no interior da própria comunidade, notadamente os "murmúrios" dos helenistas contra os hebreus em 6,1, embora tais problemas costumassem ser resolvidos amigavelmente.

As palavras "coração" e "alma" são com freqüência justapostas na Bíblia, especialmente no bem conhecido mandamento de Deuteronômio 6,5: "Amarás o Senhor teu Deus de todo o teu coração, de toda a tua alma e com todas as tuas forças" (ver também Dt 10,12; 11,13; 13,4; 26,16; 30,2.6.10 etc.). Pode haver de fato uma alusão intencional ao *Shema'* nesse versículo e nos seguintes; costuma-se interpretar a palavra "força" em Deuteronômio 6,5 no sentido de "prosperidade, riqueza"[15]. Segundo a Regra da comunidade de Qumran, "todos os voluntários vinculados com a Sua verdade oferecerão toda a sua inteligência, todas as suas forças e todos os seus bens à Comunidade de Deus" (1 QS 1,11s.)[16]. No pensamento semítico, o "coração" é considerado o centro da personalidade, do qual decorre o comportamento moral. A unidade de coração representa portanto a integridade humana; os profetas prometem em nome de Deus que, quando o povo retornar a Deus, este lhe dará "um só coração e uma única forma de agir" (Jr 32,39), "um só coração e um espírito novo" (Ez 11,19). A unidade de coração pode também representar a unanimidade. Ela é lida nesse sentido em 1 Crônicas 12,39, em que todo o Israel tem "um único coração" para desejar Davi como rei. A Setenta traduz essa expressão por "uma única alma". Essa última fórmula (*mia psychē*) também é encontrada na literatura grega. Ela é citada por Aristóteles como um dito proverbial sobre a amizade[17]. Atribui-se também a Aristóteles a sentença segundo a qual os amigos têm "uma única alma que habita dois corpos"[18]. Expressões como essas são freqüentes nos escritos gregos que abordam a amizade[19]. Não há dúvida de que a intenção de Lucas é mostrar que a comunidade de Jerusalém preenche os ideais bíblicos e helenísticos.

No fim do versículo 32, encontra-se outro "clichê" procedente da literatura grega; lê-se que o grupo daqueles que acreditaram tinha "tudo em comum [*panta koina*]". Esse "ter tudo em comum" figurava numa máxima referente à ami-

15. Por exemplo, B. Gerhardsson, The Schema in the New Testament: Deut 6,4-5, *Significant Passages*, Lund, Nova Press (1996) 239-246.
16. *Règle de la communauté*, in *La Bible. Écrits intertestamentaires*, p. 10.
17. Aristote, *Éthique à Nicomaque*, Livre 9,8, 1168b, Paris, Vrin, 1972, p. 476.
18. Diogène Laërce, *Vie, doctrines et sentences des philosophes illustres*, Livre 5,20, Paris, Garnier/Flammarion, 1965, t. 1, p. 245.
19. Ver J. Dupont, La communauté des biens aux premiers jours de l'Église (Actes 2,42-45; 4,32.34-35), in Id., *Études sur les Actes des Apôtres*, Paris, Cerf, 1967, p. 513-516 (col. Lectio Divina, n. 45).

zade, atribuída a Pitágoras e citada por vários autores, entre os quais Aristóteles na mesma passagem da *Ética a Nicômaco* na qual ele faz uso da expressão "uma única alma". Essa máxima tornou-se, pois, lugar-comum no pensamento e nos escritos helenísticos[20]. Assim, implicitamente, pois a palavra em si não é empregada, os fiéis são descritos para os leitores gregos como verdadeiros amigos.

Em Atos 4,32, a significação da expressão "tudo em comum" é elucidada pela frase "e ninguém dizia que uma de suas posses lhe pertencia". Concretamente, isso quer dizer que, tanto entre fiéis como entre verdadeiros amigos, os bens de cada um estavam à disposição de todos. Não se trata de "comunismo" nem de compartilhamento dos recursos por um grupo de pessoas que vivem juntas, tal como o compreendemos em Atos 2,44. O texto pressupõe que essas pessoas guardavam a propriedade de suas posses, mas estavam prontas a pô-las à disposição de outros membros da comunidade.

Como observou L. Cerfaux, é exatamente uma forma de agir desse tipo que é enaltecida por Platão para os guardiães da cidade[21]. Boismard e Lamouille[22] atraem nossa atenção para um notável paralelo dessa passagem dos Atos que pode ser lido num autor do século IV d.C., Jâmblico:

> O ponto de partida da justiça são a comunidade e a igualdade, o fato de que todos partilhem emoções tão estreitamente como se fossem um único corpo e uma única alma, e também o fato de que "o meu" se aplique à mesma coisa que "o teu", como Platão testemunha ter aprendido com os pitagóricos. [...] Com efeito, todos os bens eram comuns e idênticos para todos, e ninguém possuía nada que lhe fosse próprio[23].

Assim, um leitor grego podia compreender que esse grupo de amigos era também uma comunidade de verdadeiros filósofos. Parece que há aí ainda um eco dessa forma de agir na descrição dos essênios dada por Josefo: "Eles não compram entre si nem vendem nada, mas, como cada um dá o que tem àquele que disso tem necessidade, recebe deste

20. Ibid., p. 505-509.

21. Ver L. Cerfaux, La première communauté chrétienne à Jérusalem (Act., II, 41 – V, 42), *Ephemerides Theologicae Lovanienses*, 16 (1939) 5-31; Platon, République, Livre 3, 416d; Livre 5, 462c, in *Oeuvres complètes*, Paris, Les Belles Lettres, 1932, t. VI, p. 139; 1933, t. VII, p. 70 (col. des universités de France).

22. M.-É Boismard, A. Lamouille, *Les Actes des deux Apôtres,* v. II, p. 162-163.

23. Jamblique, *Vie de Pythagore*, 167-169, Paris, Les Belles Lettres, 1996, p. 93-94 (col. La roue à livres, n. 29).

último, em contrapartida, o que lhe é necessário"[24].

C. A comunidade de bens

De acordo com o versículo 34, "não havia nenhum indigente entre eles". Como observam todos os comentadores, isso recorda o texto de Deuteronômio 15,4: "Que não havia portanto nenhum pobre em teu meio" — de acordo com a Setenta: "Porque não haverá nenhum indigente em teu meio". Esse mandamento (texto hebraico) ou essa promessa (Setenta) são lidos numa passagem que prescreve a observância do ano sabático, com a implicação da devolução das dívidas contraídas pelos israelitas uns aos outros, sendo esta a conclusão: "Deves abrir tua mão a teu irmão, àquele que é humilhado e pobre em teu país" (Dt 15,11). Dessa maneira, nos Atos, a comunidade dos fiéis cumpre esse mandamento à perfeição e usufrui da eliminação da pobreza que é prometida aos que observam o mandamento.

O resto desse versículo, assim como o seguinte, explica como a comunidade assegurava que nenhum de seus membros estivesse em necessidade. Ao menos essa parece ser a intenção do autor, enfatizada pela conjunção inicial: "*Com efeito,* todos aqueles que eram possuidores de terras ou de casas vendiam-nas, ofereciam o produto do que foi vendido e o depunham aos pés dos apóstolos". Era então feita uma distribuição, sem dúvida pelos apóstolos, "a cada um segundo sua necessidade". Em outras palavras, os produtos da venda do que se possuía iam para uma caixa comum, administrada pelos apóstolos, que tinha por objetivo auxiliar os membros que, caso contrário, passariam por necessidade. Como já observamos, 4,34-35 parece ser uma amplificação de 2,44-45; o versículo 35 acrescenta uma precisão que indica quem administrava a caixa comum e cuidava das despesas. Apesar dessa precisão, esses versículos se referiam primitivamente à mesma prática de 2,44-45: uma comunidade absoluta de bens. Mas não era a mesma prática descrita no versículo 32.

D. Práticas diferentes

Não devemos espantar-nos com o fato de que os Atos possam atestar várias formas diferentes de praticar a comunidade de bens. Nos escritos sectários a que fizemos freqüentemente referência, podemos observar não apenas analogias com essas passagens dos Atos, mas também práticas variáveis entre grupos do mesmo tipo. Lemos assim o "Documento

---

24. Flavius Josèphe, *Guerre des Juifs*, 2,127, p. 32.

de Damasco", um texto que foi conhecido primeiramente graças ao conteúdo da famosa Genizá do Cairo, mas que é atestado também em Qumran:

> E [eis] a regra relativa aos Numerosos para atender a todas as suas necessidades. Ao menos o salário de dois dias por mês é o que deporão nas mãos do inspetor e dos juízes. Uma parte dessas somas se destinará aos [órfãos], e com a outra sustentarão o pobre e o indigente, e o velho que [morre], e o homem fugitivo, e o que foi levado cativo para uma nação estrangeira, e a virgem que [não] [tem] nenhum parente próximo, e a jovem [mulher] a quem ninguém quer pedir (em casamento)[25].

Embora esse grupo a que são destinadas as regras do Documento de Damasco seja claramente de tipo essênio, não pratica a estrita comunidade de bens prescrita pela Regra de Qumran: os membros ganham um salário do qual guardam a maior parte, ao que parece, para disso viver; entretanto, o mesmo documento parece supor que os membros da comunidade têm os próprios bens, mas prescreve que "não se faça nenhuma associação para a compra ou a venda sem disso informar o inspetor responsável [...]" (CD 13,15s.)[26].

Os essênios dos quais trata Fílon[27] parecem ter praticado uma forma de comunidade de bens mais ou menos intermediária entre as pressupostas pela Regra de Qumran e pelo Documento de Damasco. Essa terceira forma estabelece uma distinção entre patrimônio ou capital e rendas. Os adeptos guardam a propriedade que já possuíam, mas cedem sua utilização e seu usufruto à comunidade:

> Ninguém deve ousar adquirir alguma coisa como propriedade privada absoluta [escreve Fílon], nem uma casa, nem um escravo, nem uma terra, nem rebanhos, e igualmente instrumentos e fontes de riqueza; mas põem todas essas coisas juntas em comum e recolhem o ganho comum de todos[28].

Eles ganham a vida como arrendatários, pastores, artesãos. Oferecem seus salários e os dão "ao tesoureiro que foi nomeado"; cada um recebe de volta aquilo de que tem necessidade para viver. Aqui, entretanto, uma estrita comunidade de vida é praticada, sob a forma de uma mesa comum e até de um abastecimento comum de roupas.

---

25. *Écrit de Damas*, in *La Bible. Écrits intertestamentaires*, p. 179.
26. Ibid., p. 177.
27. Discurso relatado por Eusébio de Cesaréia: EUSÈBE DE CÉSARÉE, *La préparation évangélique,* livre 8, chapitre 11, 1-19, Paris, Cerf, 1991, p. 125 (col. Sources chrétiennes, n. 369).
28. Ibid.

IV
Um modelo que se perpetua

Alguns textos dos séculos II e III mostram que certa comunidade de bens continuou a ser característica dos cristãos. Por exemplo, a *Didaché*: "Não te desviarás do indigente, mas porás todas as coisas em comum com teu irmão e não dirás que são de tua propriedade"[29]; a *Epístola de Barnabé:* "Partilharás todas as coisas com teu próximo e não dirás que elas te são próprias"[30]; Tertuliano, em sua *Apologética*: "Temos todas as coisas em comum entre nós, com exceção das mulheres"[31] (em contraste com a cidade ideal de Platão, em que as mulheres eram também postas em comum entre os guardiães). Luciano de Samósata dá a entender que a comunidade de bens era uma das coisas que todos conheciam a respeito dos cristãos (*Peregr. mort.* 13)[32]. Segundo Epifânio (*Pan.* 30,17,2), os ebionitas reivindicavam esse nome ("os pobres") "pelo fato de que, diziam eles, no tempo dos apóstolos, se tinha o costume de vender os próprios bens e de depô-los aos pés dos apóstolos"[33].

Justino Mártir (*1 Apol.* 14,2) escreve ao imperador Antonino, o Pio: "Agora pomos em comum o que temos, nós o partilhamos com todo pobre". Mais adiante, na mesma obra, ele volta a declarar que, entre os cristãos, "aqueles que são [do bem] auxiliam aqueles que estão em necessidade, e sempre prestamos assistência uns aos outros" (67,1)[34]. O contexto no qual Justino retoma esse tema é a celebração da Eucaristia, e ele descreve em detalhes a coleta em benefício dos pobres, que parece ter sido feita durante a liturgia ou ao menos por ocasião desta (67,6-7):

29. Tradução pessoal. Cf. *La doctrine des douze apôtres (didachè),* 4,8, Paris, Cerf, 1978, p. 161 (col. Sources chrétiennes, n. 248).
30. Tradução pessoal. Cf. *Épitre de Barnabé*, 19,8a, Paris, Cerf, 1971, p. 207 (col. Sources chrétiennes, n. 172).
31. Tradução pessoal. Cf. Tertullien, *Apologétique*, 39,11, Paris, Les Belles Lettres, 1929, p. 83 (col. des universités de France).
32. Cf. Lucien de Samosate, *Philopseudès et De morte Peregrini*, 13, Paris, Les Belles Lettres, 1951, p. 72-73 (col. Publications de la Faculté des lettres de l'Université de Strasbourg, Textes d'études, n. 12).
33. Tradução pessoal. Cf. *The Panarion of Epiphanius of Salamis*, Leiden, Brill, 1987, t. 1, p. 133 (col. Nag Hammadi Studies, n. 35).
34. Tradução pessoal. Cf. Saint Justin, *Apologies*, 14,3, 67,1, Paris, Études augustiniennes, 1987, p. 115, 191.

Aqueles que estão na abundância, e que o desejam, dão cada um o que decidiram de antemão, e o que é recolhido é enviado àquele que preside, e este dá assistência aos órfãos, às viúvas, aos doentes, aos indigentes, aos prisioneiros, aos hóspedes estrangeiros, em suma, socorre todos aqueles que estão em necessidade[35].

Reconhecemos aqui alguns traços que vimos em outros textos; a prática assim descrita assemelha-se em sua regularidade àquela que se lê no Documento de Damasco, com uma única exceção: enquanto nesse último texto os membros da comunidade dão um mínimo de dois dias de renda todos os meses, Justino preocupa-se em esclarecer que as contribuições são voluntárias e que seu montante é decidido pelo doador.

O costume, no domingo, de pôr de lado o dinheiro que será utilizado em benefício dos pobres, nesse caso de Jerusalém, é recomendado por Paulo aos cristãos da Galácia e de Corinto (1Cor 16,4); no entanto, o texto não esclarece se a coleta é feita no decorrer de uma assembléia litúrgica. Tertuliano menciona o costume de uma coleta mensal[36]. Tal como Justino, ele insiste especialmente na natureza voluntária das contribuições (assim como em seu caráter moderado). Esses apologistas acaso desejavam tacitamente afastar dos cristãos a suspeita de ser contra os direitos da propriedade privada? De todo modo, a solidariedade com os pobres e a generosidade para com os mais desfavorecidos nunca deixaram de ser recomendadas e praticadas no cristianismo.

Diversas formas mais estritas de comunidade de vida e de bens são retomadas no monaquismo e, de modo mais geral, na vida religiosa no decorrer da história da Igreja. Com efeito, o sentido original da expressão *vita apostolica* consistia na imitação da maneira de vida dos apóstolos em Jerusalém segundo os primeiros capítulos dos Atos[37]. Os textos dos Atos que acabamos de estudar foram sem dúvida referências ao menos implícitas, até homiléticas, tanto para os fundadores e fundadoras como para seus discípulos: por exemplo, Pacômio, Cassiano, Basílio, Bento. A Regra de Santo Agostinho funda-se no princípio da caridade e da vida comum e cita explicitamente nossos textos em seu primeiro capítulo[38]:

35. Ibid., p. 193.
36. Tertullien, *Apologétique*, 39,5, p. 82.
37. Ver H. Holstein, L'évolution du mot "apostolique" au cours de l'histoire de l'Église, in *L'apostolat*, Paris, Cerf, 1957, p. 41-61.
38. Cf. L. Verheijen, *La Règle de Saint Augustin*, I. *Tradition manuscrite*, Paris, Études augustiniennes, 1967, p. 27-28.

> E eis minhas prescrições sobre vossa maneira de viver no monastério.
> Em primeiro lugar, porque estais reunidos tão-somente para habitar juntos na unanimidade [cf. Sl 133], formando um único coração e uma única alma em Deus. [...]
> Não digais "isso me pertence"; mas que, para todos, tudo seja em comum. Que vosso superior distribua a cada um o alimento e o abrigo não segundo um princípio de igualdade — nem vossas forças nem vossa saúde são iguais —, mas antes segundo as necessidades de cada um. Lede com efeito os Atos dos Apóstolos: *para eles tudo era em comum, e se distribuía a cada um segundo suas necessidades.*

Quando percebemos o grande número de ordens e de congregações de homens e de mulheres cujo projeto tem como base a Regra de Santo Agostinho, podemos avaliar o imenso efeito na história do modelo socioeconômico da primeira comunidade de Jerusalém. Até um fundador que não adotou essa Regra para seu instituto fez de Atos 4,32 uma referência central. Menciono o padre J.-C. Colin, fundador da ordem dos padres maristas, que costumava citar em latim a expressão *cor unum et anima una* para indicar a união de coração e de alma que desejava ver entre seus filhos. Ele dizia com muita freqüência que a Sociedade de Maria tinha como único modelo a Igreja nascente reunida em torno de Maria e dos apóstolos[39].

Os reformadores protestantes, por sua vez, acreditavam restaurar o ideal do cristianismo primitivo não apenas para o *virtuoso*, mas para todo cristão, que se esforçaria para realizá-lo na vida cotidiana. Assim, encontram-se exortações a seguir o exemplo da Igreja apostólica nos escritores anglicanos e metodistas do século XIX[40]. Com efeito, para a Reforma, o cristianismo primitivo era o modelo perfeito da Igreja e devia ser refeito para harmonizar-se com ela.

Eu gostaria de terminar evocando — não sou capaz de fazer mais — a influência desse modelo na vida econômica, social e política da Europa, pois a igreja de Jerusalém nos Atos tornou-se uma espécie de utopia para mais de um reformador. Os "anabatistas", em especial, e também os "huteritas" e os "menonitas" desejavam formar, na Europa e em seguida na América do Norte, em que se refugiaram, comunidades de vida e de bens moldadas segundo os

39. J. Coste (org.), *Jean-Claude Colin, entretiens spirituels*, Roma, Padri Maristi, 1975, p. 133 et passim.
40. Ver M. Hill, *The Religious Order:* A Study of Virtuoso Religion and its Legitimation in the Nineteenth Century Church of England, London, Heinemann, 1973, p. 5.

primeiros capítulos dos Atos. Chamo igualmente a atenção para o fato de que esse mesmo modelo inspirou a evolução do socialismo cristão. De acordo com um célebre comentário, o socialismo britânico era antes metodista do que marxista[41]. De fato, um bom número de metodistas, sobretudo no ramo do "metodismo primitivo", se encontrava entre os organizadores e promotores do sindicalismo nascente no século XIX. Eles conheciam sua Bíblia e as passagens que denunciavam a injustiça e proclamavam que o Reino de Deus estava fundado no amor[42]. Em geral, as leituras e os estudos bíblicos da infância e da juventude não desempenhavam nenhum papel na formação dos sindicalistas e dos políticos de esquerda de além-Mancha.

---

41. Observação atribuída a M. Morgan Phillips, então secretário-geral do Partido Trabalhista na Grã-Bretanha.

42. R. E. Davies (*Methodism*, London, Penguin Books, 1963, p. 151-156), que se refere a R. F. Wearmouth (*Methodism and the Working Class Movements of England, 1800-1880*, London, Epworth Press, 1937; *Methodism and the Struggle of the Working Classes, 1850-1900*, Leicester, Backus, 1954).

Apêndice: At 2,44-45 e 4,32-35

2. Texto Alexandrino	**3. Texto Ocidental**
At 2,44: Ora, todos aqueles que acreditaram estavam unidos e tinham tudo em comum.	At 2,44: E todos aqueles que acreditavam estavam unidos e tinham tudo em comum.
45: e, quanto aos bens e às posses, eles [os] vendiam e os distribuíam a todos se alguém estivesse em necessidade.	e todos aqueles que tinham bens ou posses vendiam[-]nos e os distribuíam àqueles que estavam em necessidade.
At 4,32: Na assembléia daqueles que tinham acreditado, não havia senão um coração e uma alma, e nenhum dizia que uma de suas posses lhe era própria, mas tudo estava em comum.	At 4,32: Para a assembléia daqueles que tinham acreditado, não havia senão uma alma e um coração, e não havia nenhuma divisão entre eles, e ninguém dizia que uma de suas posses [lhe] era própria, mas tudo [lhes] era comum.
33: E com grande poder os apóstolos [eles] davam testemunho da ressurreição do Senhor Jesus. E uma grande graça estava sobre eles todos.	33: E com grande poder os apóstolos [eles] davam testemunho da ressurreição de Jesus. E uma grande graça estava sobre eles.
34: Com efeito, não havia nenhum indigente entre eles. Com efeito, todos aqueles que eram possuidores de terras ou de casas vendiam[-nas], ofereciam o preço do que fora vendido.	Com efeito, não havia nenhum indigente entre eles. Todos aqueles que eram possuidores de terras ou de casas, vendiam[-nas], ofereciam [seu] preço.
35: e o depunham aos pés dos apóstolos; mas dava-se a cada um segundo estivesse em necessidade.	35: e o depunham aos pés dos apóstolos; dava-se a cada um segundo estivesse em necessidade.

O dinheiro
Leituras bíblicas de um economista

Étienne Perrot

Como o economista lê os textos bíblicos sobre dinheiro? A resposta é simples: o economista não lê textos sobre dinheiro, sejam bíblicos ou não. O economista não conhece o dinheiro; ao menos se se deseja de fato designar pela palavra "dinheiro" o símbolo da instituição social da troca, com tudo o que carrega de fantasmas e de relações sociais. O economista não conhece o dinheiro; conhece apenas a moeda, definida de uma maneira puramente funcional como meio de troca, unidade de medida econômica das mercadorias e instrumento de conservação dos valores. É por não conhecer o dinheiro que o economista tem interesse em pôr-se à escuta de uma tradição que ultrapassa seu domínio. Ele descobrirá nesse âmbito as dimensões territorial, política e em última análise religiosa da moeda.

Em que os textos bíblicos podem ser inspiradores de uma prática econômica? A resposta a essa questão depende evidentemente da relação com o texto que cada um estabelece, pois justificação nem sempre significa inspiração. Na primeira parte deste artigo, "As injunções bíblicas", são apresentados os três grandes mandamentos monetários da Bíblia: proibição do empréstimo a juros, anulação da dívida, gratuidade do ministério religioso e do serviço da fé. Na segunda parte, "A Bíblia e o economista", tentar-se-á um exercício mais delicado vinculado com a questão: como pode a Bíblia inspirar não apenas as práticas econômicas, mas também a análise monetária?

I
As injunções bíblicas

Não há propriamente uma economia cristã — ou judaica. Mas algumas práticas, orientações e finalidades econômicas podem inspirar-se na Bíblia ou ser contestadas em nome de uma interpretação da Bíblia. Que pode dizer disso o economista, ligado ou não à doutrina social da Igreja? Essa questão, em sua vertente econômica, não visa portanto à exegese bíblica. Procura-se com ela unicamente indicar os efeitos das diversas leituras bíblicas sobre a prática econômica pessoal ou social. Os três registros veterotestamentários serão levados em conta: a Lei, os Profetas e os Sábios, trilogia[1] da qual privilegiarei o primeiro elemento, a Lei — sem esquecer o Novo Testamento.

Cada um dos três mandamentos monetários legalizados pela Bíblia abre o conjunto de interpretações contraditórias: o empréstimo de dinheiro sem juros, o perdão da dívida e a gratuidade dos ministérios e do serviço da fé.

A. A proibição do empréstimo a juros

A mais conhecida das normas bíblicas relativas à moeda é igualmente a mais contestada pelos economistas liberais desde o século XVIII. As posições bíblicas são ao mesmo tempo paradoxais e bem conhecidas: segundo o livro do Êxodo e do Deuteronômio, é proibido estabelecer juro ao conceder empréstimo ao irmão, ao passo que o empréstimo a juros é lícito se feito a um estrangeiro[2]:

> Se emprestas dinheiro a um compatriota, a um pobre que vive a teu lado,

1. Segundo a tripartição de P. Beauchamp (*L'un et l'autre Testament*, Paris, Seuil, 1976, t. 1, p. 35, col. Parole de Dieu), que recobre, *grosso modo*, a partilha da Bíblia Hebraica em Torá, Profetas e Escritos.
2. Segundo Levítico 25,35-37, pode o interdito valer para todos, tanto estrangeiros como autóctones: a questão é discutida ("Se teu irmão tem dívidas e não tem com que te pagar, tu o sustentarás, seja ele um migrante ou um morador, a fim de que ele possa sobreviver a teu lado. Não aufiras dele nem trabalho nem juros; é assim que terás o temor de teu Deus, e teu irmão poderá sobreviver a teu lado. Não lhe emprestarás teu dinheiro para auferir lucro, não lhe darás do teu alimento para auferir juros"). Cf. J.-L. Ska, *Introduction à la lecture du Pentateuque.* Clés pour l'interprétation des cinq premiers livres de la Bible, Bruxelles, Lessius, 2000, p. 70-71 (col. Le livre et le rouleau, n. 5); R. de Vaux, *Les institutions de l'Ancien Testament*, Paris, Cerf, 61997, t. 1, p. 260-261; M. Gilbert, Prêt, aumône et caution, in R. Egger-Wenzel, I. Krammer (eds.), *Der Einzelne und seine Gemeinschaft bei Ben Sira*, Berlin/New York, Walter de Gruyter, 1998, p. 180 (col. Beihefte zur Zeitschrift für die alttestamentliche Wissenschaft, n. 270).

> não te comportarás como um agiota: não deves cobrar juros (Ex 22,24).
>
> Não emprestarás a juros a teu irmão, quer se trate de um empréstimo de dinheiro, ou de víveres, ou do que quer que seja de que se exige juro. Ao estrangeiro poderás fazer empréstimos a juros, mas emprestarás sem juros a teu irmão, a fim de que YHWH, teu Deus, te abençoe em todos os teus trabalhos, na terra em vais entrar para dela tomar posse (Dt 23,20-21).

A proibição do empréstimo a juros é também encontrada nos profetas (Ez 18,8.13.17) e nos escritos (Pr 18,8; Sl 15,1.5: "YHWH, que se abrigará sob a tua tenda? [...] Aquele que não empresta seu dinheiro a juros"). Nos evangelhos, Jesus referiu-se a isso:

> E se emprestais somente para aqueles de quem esperais receber, que gratuidade é essa? Até mesmo os pecadores emprestam aos pecadores, para receber de volta a mesma quantia. Ao contrário, amai os inimigos, fazei o bem e emprestai, sem esperar coisa alguma em troca (Lc 6,34-35).

Mas o sentido de "nada esperar em troca" (*apelpizō*) é conjetural, e, se o texto evoca um problema financeiro, estigmatiza sobretudo a reciprocidade: Jesus exorta a dar mais do que a emprestar, com ou sem juros[3].

1. Uma tradição rigorosa

Os Padres da Igreja não mostram ambigüidade; eles condenam o empréstimo a juros, o que identificam com a usura. Segundo a acepção moderna, a usura designa o juro com taxa excessiva, mas antigamente designava todo empréstimo que envolvesse uma soma de dinheiro. É de fato o juro que é condenado, e não apenas seus excessos. Tomás de Aquino opõe-se igualmente ao empréstimo a juros[4]. De acordo com ele, Deuteronômio 23,21 e Lucas 6,35 não fazem do empréstimo a juros um pecado, visto que a primeira passagem permite emprestar ao estrangeiro e que a segunda emite tão-somente um conselho evangélico. Em compensação, ele considera Êxodo 22,24, o Salmo 15,5 e Ezequiel 18,17 argumentos em favor da proibição, embora sua argumentação seja alicerçada sobretudo na *Política* e na *Ética a Nicômaco*, de Aristóteles.

Os concílios condenam cada vez mais fortemente a prática da usura.

---

3. Cf. Fr. Bovon, *L'Évangile selon saint Luc (1,1-9,50)*, Genève, Labor et Fides, 1991, p. 311-312 (col. Commentaire du Nouveau Testament, n. 3a).
4. Thomas d'Aquin, *Somme théologique*, II ii, q. 78, art. 1, Paris, Cerf, 1985, v. 3, p. 490-491. Para as referências a Aristóteles, ver notas 12 e 21.

A usura é proibida em primeiro lugar aos clérigos (Nicéia, em 325[5], que se apóia em Sl 15,5). A condenação se generaliza aos leigos a partir do século IX. O terceiro concílio de Latrão[6], em 1179, baseando-se na palavra de "um e outro Testamento", sem outro esclarecimento, condena os agiotas, priva-os da comunhão e de sepultura cristã em caso de perseverança nesse pecado até a morte, e proíbe receber suas oferendas. O concílio de Lyon II[7], em 1274, acrescenta a proibição de alugar casas a estrangeiros que se dedicam a essa prática. Em 1311, o concílio de Viena[8] condena as administrações que autorizam a dedução de juros. Por isso, como já o observava o quarto concílio de Latrão (1215), sob o pontificado de Inocêncio III (1198-1216), a usura praticada pelos judeus com relação aos cristãos — lícita, segundo Deuteronômio 23,21, visto que exercida com relação a não-judeus — desenvolveu-se na medida mesma em que aumentava a severidade da proibição feita aos cristãos: "Quanto mais a religião cristã se recusa à exação da usura, tanto mais a perfídia dos judeus se apega a ela, muito embora, em pouco tempo, eles esgotem as riquezas dos cristãos"[9]. A proibição do empréstimo a juros é reiterada no quinto concílio de Latrão (1512-1517)[10], que se funda, provavelmente de modo abusivo[11], em Lucas 6,34-35 — "nosso Senhor, como o atesta o evangelista Lucas, nos obrigou por um preceito claro a não esperar de um empréstimo mais do que o capital" — assim como na argumentação aristotélica já invocada por Tomás de Aquino, segundo a qual o dinheiro não dá cria[12]. Não obstante, esse concílio declara não-usurários os montantes recebidos a mais como remuneração do capital e destinados a cobrir as despesas dos montepios[13].

5. Concile de Nicée I, canon 17, in *Les conciles oecuméniques.* Les décrets, t. II-1, Nicée I à Latran V, Paris, Cerf, 1994, p. 14.
6. Concile du Latran III, canon 25, in *Les conciles oecuméniques.* Les décrets, t II-1, p. 223.
7. Concile de Lyon II, constitution 26, in *Les conciles oecuméniques.* Les décrets, t. II-1, p. 328-329.
8. Concile de Vienne, décret 29, in *Les conciles oecuméniques.* Les décrets, t. II-1, p. 384.
9. Concile du Latran IV, canon 67, in *Les conciles oecuméniques.* Les décrets, t. II-1, p. 265. Cf. L. Guarriguet, *Manuel de sociologie et d'économie sociale.* Les principaux problèmes sociaux étudiés aux lumières de la théologie, du droit naturel et de l'histoire, Paris, Bloud et Gay, 1924, p. 606.
10. Concile du Latran V, session X, in *Les conciles oecuméniques.* Les décrets, t. II-1, p. 1279.
11. Cf. p. 92.
12. Aristote, *Le politique. Livres I-II*, Livre I, X, 5, Paris, Les Belles Lettres, 1960, p. 31 (col. des universités de France).
13. Concile du Latran V, session X, in *Les conciles oecuméniques.* Les décrets, t. II-1, p. 1281.

A posição disciplinar dos papas resume-se a uma carta circular de Bento XIV (1740-1758). Em seguida a um empréstimo (à taxa de 4%) feito pela cidade de Verona em 1730 e condenado pelo bispo dessa cidade, a disputa "sobe" a Roma, que fixa a doutrina na encíclica *Vix pervenit*[14] em 1745. Essa doutrina condena não apenas a usura, mas também o empréstimo a juros módicos, mesmo quando este permite ao emprestador realizar abundantes benefícios. São reconhecidos, porém, três *títulos extrínsecos*, conhecidos desde o século XIV, que justificam o pagamento de juros: que o emprestador tenha prejuízo com o empréstimo (*Damnum emergens*), se ache privado de um ganho lícito (*Lucrum cessans*) ou se exponha ao risco de perder o dinheiro emprestado (*Periculum sortis*) — são razões acidentais e extrínsecas à natureza do próprio empréstimo que legitimam uma compensação[15]. Acrescenta-se a essas razões o *Titulus regis*, isto é, a boa vontade do soberano, aceita desde a Idade Média[16]. A aceitação excepcional do empréstimo a juros motivada por uma razão extrínseca à natureza do empréstimo já fora de fato ponderada por Tomás de Aquino[17].

O decreto da Sagrada Penitenciaria *Non-esse inquietendos* (1830) ordena aos confessores que não inquietem os penitentes que se acusam de ter emprestado a juros, por pouco que o penitente se comprometa a submeter-se à decisão da Igreja quando esta lhe for pronunciada acerca desse assunto[18]. O Código de Direito Canônico de 1917 não regula verdadeiramente a questão do empréstimo a juros, aí incluídas as razões intrínsecas, visto que retoma tão-somente a doutrina da encíclica *Vix pervenit*. Ele afirma com efeito que, "na prestação de uma coisa fungível, não é em si ilícito fixar por contrato um lucro legal", contanto que esse lucro não seja obtido por razões

14. Benedictus XIV, *Opera Omnia*, v. 15, *Bullarum*, t. 1, Prati, 1845, p. 591-594; P. Tiberghien (org.), *L'encyclique Vix pervenit "sur les contrats"*, Paris, Spes, [s.d.] (col. Action populaire).

15. *L'encyclique Vix pervenit "sur les contrats", §* 3, p. 30-35; Benedictus XIV, *Opera Omnia,* v. 15, *Bullarum*, t. 1, p. 592.

16. L. Guarriguet, *Manuel de sociologie et d'économie sociale,* p. 597.

17. Thomas d'Aquin, *Somme théologique*, II ii, q. 78, art. 2, p. 77-78.

18. "Non esse inquietendos poenitentes quousque Sancta Sedes definitivam decisionem emiserit, cui parati sint se subjicere, ideoque nihil obstari eorum absolutioni in sacramento poenitentiae". L. Guarriguet (*Manuel de sociologie et d'économie*, p. 600) comenta: "Era a autorização implícita de receber juros no empréstimo; e, como nenhuma decisão pontifical interveio e certamente não intervirá, a questão é considerada por todos como praticamente decidida na ordem da consciência".

intrínsecas ao contrato[19]. O Código de Direito Canônico de 1983 não aborda o assunto, mas o cânon 1.284 (§ 5) pressupõe que algumas administrações católicas subscrevam os empréstimos: "Os administradores são obrigados a pagar no tempo prescrito os juros de um empréstimo ou de uma hipoteca, bem como a cuidar de reembolsar a tempo o capital"[20].

2. Razões sociais compreensíveis

A principal razão da condenação do empréstimo a juros é o efeito social desastroso da usura. Excessos, espoliação dos pobres... Na Idade Média, os cavaleiros necessitados, os camponeses e os arrimos de família mostravam-se incapazes de reembolsar os empréstimos a taxas com freqüência usurárias. Em compensação, aqueles que estavam socialmente integrados tinham com freqüência auxílios advindos da associação mútua em que se empresta sem buscar o ganho, a comandita, em que um dos associados assume benevolamente o encargo da gestão comum, ou o contrato de renda que reparte de maneira eqüitativa a receita da propriedade de todos.

Somaram-se a esse motivo de caridade razões ideológicas e teóricas. A ideologia funde-se à autoridade moral dos Padres da Igreja e, depois, de Aristóteles:

> A moeda só é feita para a troca; o empréstimo a juros, ao contrário, multiplica esse próprio dinheiro; é daí que o empréstimo obteve seu nome (*tokos*), porque os seres engendrados são semelhantes a seus pais, e o juro é dinheiro de dinheiro; além disso, o empréstimo com juros é, de todo modo, a aquisição mais contrária à natureza[21].

A teoria apóia-se no caráter fungível do dinheiro, isto é, no fato de que ele pode ser consumido pelo uso e substituído por qualquer coisa análoga. Se é legítimo perceber os frutos de sua propriedade, é ilegítimo perceber os frutos de alguma coisa que não me pertence mais. Ora, esse é necessariamente o caso de um empréstimo de dinheiro, dado que o dinheiro que me será devolvido não

19. *Codex Iuris Canonis*, canon 1543, org. Petro Card. Gasparri, Roma, Typis Polyglottis Vaticanis, 1917, p. 448.
20. *Code de droit canonique*. Cité du Vatican/Paris, Librairie éditrice du Vatican/Centurion/Cerf/Tardy, 1983-1984, p. 221. Texto oficial e tradução francesa.
21. Aristote, *Le politique. Livres I-II*, Livre I, X, 5, p. 31. À tradução "usura" prefiro "empréstimo a juros"; é de fato o próprio empréstimo a juros que está em questão, e não apenas um empréstimo a uma taxa excessiva. *Tokos* significa "produto, criança".

é o mesmo que aquele que emprestei. Como o pão, o dinheiro é emprestado não para permanecer como é, mas para ser transformado. Como se vê, a argumentação não se funda absolutamente na Escritura. Permanecem hoje a questão da utilidade econômica do juro e a de seus efeitos sociais perversos, pois o pagamento de uma renda determinada por vezes asfixia os emprestadores em casos de má conjuntura.

3. *Uma interpretação econômica*

Os debates econômicos suscitados pela condenação do empréstimo a juros não deixam de ter ressonâncias morais. A discussão retoma hoje vigor, suscitada pelo desenvolvimento dos bancos islâmicos que honram à sua maneira essa proibição[22]. O objeto da discussão diz respeito aos efeitos discutíveis dessa condenação sobre o crescimento econômico. A análise keynesiana[23] vê aí um fator de maior invalidação do sistema capitalista, já que os poupadores são obrigados a partilhar os riscos econômicos assumidos pelos capitalistas. De acordo com essa análise, o juro predeterminado pesa tanto mais quanto pior é a conjuntura, visto que as empresas devem pagar os juros mesmo em caso de má conjuntura. Esse argumento serviu para a dívida do terceiro mundo. Em compensação, contra essa análise de inspiração keynesiana, a análise neoclássica, de inspiração mais liberal, enfatiza o efeito nocivo da proibição do empréstimo a juros. Essa proibição esteriliza a poupança demasiado temerosa para enfrentar os riscos assumidos pelos capitalistas proprietários de empresa.

Esse debate econômico em torno de uma norma religiosa oculta um ponto crucial: por que o Deuteronômio autoriza o empréstimo a juros ao estrangeiro (Dt 23,21)? Uma hipótese consiste no fato de que o estrangeiro não pode garantir o empréstimo por meio de uma propriedade situada no território. O juro se acha também justificado pelo risco que o emprestador corre. Algo que diz respeito a uma análise financeira clássica. O corolário parece-me interessante: a proibição do empréstimo a juros ao israelita enfatiza, portanto, a pertença a uma mesma comunidade num mesmo lugar. Isso admite implicitamente a justificação teórica que nos parece hoje extremamente bizarra: a fungibilidade do dinheiro. O bem fungível é justamente o que se opõe ao bem vinculado a um espaço, campo ou imóvel. A comparação que costuma ser feita é a

22. Cf. Corão, surata 2,276; surata 3,125.
23. J. M. Keynes (1883-1946), economista inglês e fundador da política econômica contemporânea.

da árvore frutífera. Posso colher e comer os frutos de minha árvore. O que há de mais ligado ao chão?

O vínculo entre o dinheiro e o estrangeiro parece ser confirmado pela história dos ofícios ligados ao dinheiro em diversas sociedades, aí incluída a disciplina eclesiástica da Idade Média. Os ofícios de dinheiro são reservados aos residentes estrangeiros. Trata-se de algo evidente desde as primeiras manifestações da urbanização. Platão, em *As leis*, estipula que a posse de metal amarelo ou branco é proibida aos cidadãos[24]. Aquilo que, na origem, não passa de pura questão prática — as trocas de proximidade eram feitas sem intermediários, já que só as trocas a distância precisavam da mediação de um comerciante — cristaliza-se pouco a pouco em hábito e, depois, em lei. O fenômeno se renova no fim da Idade Média, quando da retomada do movimento de urbanização. Nas cidades comerciais, a atividade dos comerciantes estrangeiros fornece o essencial da riqueza. O exame das atividades da cidade de Anvers na época de sua maior expansão no século XVI mostra o papel preeminente dos comerciantes estrangeiros. Ainda hoje permanecem alguns vestígios dessas estratificações internacionais do comércio, como o testemunham os "libaneses" na África ou os "chineses" na Ásia.

Reservados aos estrangeiros, os ofícios ligados ao dinheiro se desenvolveram, portanto, naturalmente nas populações rejeitadas, à margem da comunidade política: os judeus na Idade Média, os protestantes na França, os persas na Índia, os armênios no Império Otomano, sem falar da velha religiosa que, sentindo-se marginalizada em sua congregação, acumula um pequeno pecúlio, desprezando a Regra. Em suma, o dinheiro designa o vínculo social desconectado do território politicamente determinado.

B. O perdão da dívida no espírito do ano jubilar

Em sua carta apostólica *Tertio millennio adveniente*, João Paulo II declara:

> No espírito do Livro do Levítico (25,8-12), os cristãos deverão assumir a voz

24. Platon, *Les lois*, livre V, 742a-b, Paris, Les Belles Lettres, 1951, p. 99 (col. Des universités de France): "Não será permitido a nenhum cidadão possuir, por pouco que seja, ouro ou prata, mas apenas a moeda para as trocas cotidianas como as que se é quase obrigado a fazer com os artesãos e com todos de que se tem necessidade, para pagar o salário de serviços similares aos dos mercenários, escravos ou estrangeiros [...]. Quanto à moeda comum a toda a Grécia, se é preciso para expedições e viagens a outros países [...] enviar alguém para fora, todas essas ocasiões obrigam a cidade a possuir moeda grega".

de todos os pobres do mundo, propondo que o Jubileu seja um momento favorável para pensar, entre outros temas, numa redução importante, se não num apagamento total, da dívida internacional que pesa sobre o destino de numerosas nações[25].

É o seguinte o texto do Levítico ao qual ele se refere:

> No dia dez do sétimo mês fareis soar a trombeta. No dia da expiação, fareis soar a trombeta no país inteiro. Declarai santo o qüinquagésimo ano e proclamai a libertação para todos os moradores do país. Será para vós um ano de júbilo: cada um de vós recuperará sua propriedade e voltará para sua família. O qüinquagésimo ano será para vós um ano de júbilo: vós não semeareis, nem ceifareis as espigas que tiverem nascido espontaneamente, nem colhereis uvas das videiras não podadas. O jubileu será para vós uma coisa sagrada [...] (Lv 25,9-12).

Seja qual for a interpretação exegética desse texto[26], a análise monetária torna perfeitamente clara a idéia da restauração de cada um em seu clã de origem. Isso leva a análise econômica a sugerir, ultrapassando a supressão da dívida, um objetivo mais fundamental: a restauração da credibilidade do devedor, isto é, sua reinserção na comunidade humana. Esse objetivo de credibilidade tem algumas conseqüências práticas que não faço senão evocar: a credibilidade faz mau negócio com uma excessiva publicidade que acentua o abandono dos créditos. A anulação da dívida — quando é necessária — deve ocultar-se discretamente em um conjunto de disposições sociopolíticas, que abre a porta de um novo crédito.

C. A gratuidade dos ministérios e do serviço da fé

Terceira inspiração bíblica vinculada ao dinheiro: a gratuidade dos ministérios religiosos e do serviço da fé. A Bíblia não ignora o comércio. Mas ela se instala, como a maioria das sabedorias antigas, "fora do comércio". Tal como a sabedoria, a salvação não se compra. Nos evangelhos, manifesta-se sem nenhuma ambigüidade o "sem preço" do que faz sentido. Penso no óbolo da viúva (Lc 21,1-4), que acentua o episódio dos vendilhões expulsos do

---

25. Jean-Paul II, Lettre apostolique *Tertio Millenio Adveniente, La documentation catholique*, n. 2105 (1994) 1030.

26. Cf. F. Ost, "Declarareis santo o qüinquagésimo ano". Reflexões sobre o tempo resgatado, em F. Mies (org.), *Bíblia e direito. O espírito das leis*, São Paulo, Loyola, 2006, p. 47-65.

templo (Mt 21,12-13//Mc 11,15-17// Lc 19,45-46//Jo 2,14-16). Obviamente, todos nos lembramos de Mammon[27], que não pode ser servido ao mesmo tempo que Deus (Mt 6,24; Lc 16,9.13). Uma maneira de qualificar os fariseus é dizer que "eles amam o dinheiro" (Lc 16,14). Os Atos estão repletos de observações semelhantes. Não se pode vender a Palavra. Não se pode comprar a fé. Assim, Pedro afirma ao mendigo coxo da Porta Formosa: "Não tenho ouro nem prata, mas o que tenho eu te dou: em nome de Jesus Cristo, o Nazoreu, levanta-te e começa a andar" (At 3,6). Simão, o mágico (At 8,20), é apresentado como o arquétipo daquele que deseja fazer da graça um objeto de comércio.

Na ordem das práticas de Jesus, é sintomática a observação do evangelista João quando da multiplicação dos pães: "Então Jesus disse a Filipe: 'Onde vamos comprar pão para eles comerem?'". João enfatiza no versículo seguinte: "Jesus falou assim para testar Filipe, pois sabia muito bem o que ia fazer" (Jo 6,6). Não se trata de ir comprar em outro lugar; trata-se de multiplicar no mesmo lugar.

Na ordem das parábolas, a estrutura do relato das virgens sem juízo (Mt 25,1-13) confirma esse ponto de vista. É no momento em que elas vão ao mercador que o esposo chega. Daí a pensar que exista uma antinomia entre a gratuidade das núpcias e o negócio há apenas um passo, que deixo aos exegetas. Como economista, não posso deixar de pensar que as virgens são insensatas não simplesmente porque são imprevidentes, mas porque se apressam a comprar o que lhes é oferecido gratuitamente.

O economista vê na desconfiança evangélica com relação ao dinheiro a inscrição num lugar social em que a solidariedade de proximidade, ligada à dimensão política do território, prevalece sobre as trocas não próximas. Nesse âmbito, o comércio monetarizado aparece como o antípoda de uma ação carismática que germina da terra. A gratuidade pode então ser interpretada como o postulado segundo o qual o ministro do culto e o missionário só se dirigem ao próximo, que pertence de fato à mesma comunidade. Dessa maneira, a pregação não faz senão revelar uma pertinência já presente. Trata-se dos ceifadores de um campo que não semearam (Jo 4,37). Os missionários são enviados sem dinheiro (Mt 10,9). O corolário, perfeitamente focalizado por Max Weber ao tratar do poder carismático, é a distância entre o mundo religioso e o dinheiro:

> O carisma puro é especificamente *estranho à economia*. Ele constitui, ou se mostra, uma "vocação" no sentido

27. Mammon: "riqueza" em aramaico; personificação do Dinheiro.

> enfático do termo: como "missão" ou "tarefa" interior. Em seu tipo puro, ele despreza e rejeita a utilização da graça como fonte de renda [...]. A rejeição pelos jesuítas dos encargos da igreja é uma aplicação racionalizada desse princípio [...][28].

Perdão da dívida, juro a taxa zero, gratuidade dos ministérios e dos carismas religiosos, toda essa utilização normativa da Bíblia esbarra com certeza em várias contradições da vida social. Por isso, a referência bíblica nesse domínio do dinheiro pode ser posta a serviço das casuísticas econômicas mais opostas. É um modo de recordar que, em sua utilização normativa, a Bíblia tem ao mesmo tempo a vantagem e o inconveniente de servir tanto de justificação como de inspiração.

II
A Bíblia e o economista

Por mais autônoma que seja em seu domínio, a análise econômica não deixa de ser dependente do contexto social e histórico do qual emerge. Lembro-me do imperativo epistemológico inscrito em letras de ouro desde a primeira frase da *Théorie de l'évolution économique* [Teoria da evolução econômica], de Joseph Aloysius Schumpeter, um dos maiores, para não dizer o maior, economistas do século XX:

> Os acontecimentos sociais constituem um todo. Eles formam uma grande corrente da qual a mão ordenadora do pesquisador extrai à força os fatos econômicos. Qualificar um fato de econômico é já uma abstração, a primeira das numerosas abstrações que as necessidades técnicas impõem a nosso pensamento quando este quer reproduzir a realidade[29].

Essa referência a Schumpeter autoriza-me a levar a sério a idéia, um dia emitida diante de mim pelo padre Jacques Guillet, segundo a qual a Escritura nunca fala de dinheiro. Quando a moeda aparece, em qualquer alusão que seja, constitui o sinal de outra coisa: de Mammon, de quem é preciso desconfiar, mas também às vezes do Reino, ou da presença do Cristo ausente, ou ainda dos tempos messiânicos. Hipótese plausível, que se inscreve muito bem na idéia de Schumpeter segundo a qual fatos econômicos e fatos sociais se pressupõem

28. M. Weber, *Économie et société* (1920: póstumo), Paris, Pocket, 1995, t. 1, p. 324. Em itálico no texto.
29. J. A. Schumpeter, *Théorie de l'évolution économique* (1911), Paris, Dalloz, 1935, p. 1.

mutuamente. O dinheiro não encontra seu sentido fora da sociedade que o produziu. Inversamente, por meio de sua função, o dinheiro, como toda instituição social, pode servir de vetor ao que faz sentido e ao que não faz sentido. Daí decorre o interesse de interrogar-se sobre a construção bíblica e a função religiosa desse signo econômico. Essa função é tríplice. Na Bíblia, o dinheiro é um mito que funciona como: 1. um substituto do território; 2. uma maneira tardia de designar o Reino; 3. algo que está sempre por vir.

A. O dinheiro tardio na história de Israel

Para o economista, Mammon, o Reino, os tempos escatológicos, o Cristo vindouro — em suma, esse porvir que o dinheiro evoca na Bíblia — têm uma convenção social, eufemismo pelo qual o economista designa de fato um mito. Não clamemos de imediato contra o reducionismo. Convenção social, até mito, não significa coisa ilusória e vã. Como toda convenção em economia, o mito designado pela moeda é, tanto na Bíblia como em outros lugares, uma instância que transcende a análise econômica, mas fora da qual a sociedade, com sua dimensão monetária, não pode ser pensada nem funcionar.

Formular a hipótese segundo a qual o dinheiro na Bíblia evoca um porvir graças ao qual a sociedade funciona é, portanto, uma banalidade epistemológica. Permanece por compreender quando, por que e como o dinheiro desempenha precisamente esse papel na Bíblia, papel que partilha manifestamente com outras instituições: a lei, a terra, a cidade de Jerusalém, o Templo. Minha resposta se inscreve na idéia de uma evolução histórica das sociedades bíblicas. O metal pesado, prata ou ouro, serviu por muito tempo de meio de pagamento. Se a invenção da moeda acontece na Ásia Menor no século VII, seu uso, provável na Palestina desde o século VI, só se torna corrente no século V ou no século IV[30]. O dinheiro, que permite uma troca livre das obrigações de proximidade, que favorece a acumulação indefinida em algumas mãos e a miséria, substitui pouco a pouco a terra, símbolo não menos eficaz das sociedades agropastoris.

A leitura da história de Israel leva a distinguir não só a economia atual e a do mundo bíblico, mas também, no mundo bíblico, as sociedades agropastoris e

30. Cf. J. Briend, M. Quesnel, *La vie quotidienne aux temps bibliques*, Paris, Bayard, 2001, p. 202; R. de Vaux, *Les institutions de l'Ancien Testament*, t. 1, p. 313-317. Uma moeda que data do século VI foi encontrada perto de Jerusalém.

as urbanas. Distinguir não é separar. A substituição é progressiva; além disso, nunca é totalmente acabada. Essa hipótese bastante simples me faz relativizar algumas afirmações. O dinheiro seria o nervo da guerra, da economia — e às vezes da paz social. Essas afirmações devem ser relativizadas e substituídas em seu contexto histórico.

O dinheiro é o nervo da guerra. Isso é perfeitamente exato, mas apenas nas civilizações urbanas que geraram uma ou outra forma de imperialismo. Max Weber mostrou-o à perfeição em sua obra *Économie et société dans l'antiquité* [Economia e sociedade na Antiguidade][31]. As guerras de Josué e as guerrilhas de Saul ou de Davi, para citar apenas os exemplos bíblicos mais contundentes, não parecem ter sido animadas por meio do dinheiro, nem pelo dinheiro.

No entanto, um tipo de sociedade urbana marcada pelo dinheiro — ao menos o dinheiro pesado — parece-me mostrar-se refletido em alguns escritos dos profetas. Amós e Miquéias, naturalmente, os camponeses escandalizados pela injustiça social nas cidades. Mas igualmente Isaías, Jeremias, Ezequiel e alguns outros que testemunharam muito bem a forma pela qual os impérios se fazem e se desfazem ao ritmo das pilhagens.

Outro sintoma desse mundo urbano estruturado pelos impérios: a história monetária de Israel mostra um povo freqüentemente vencido e que, por isso mesmo, não goza senão de um fraca autonomia monetária.

O dinheiro é o nervo da economia. Sim, mas tão-somente nas sociedades monetarizadas. Antes do aparecimento da moeda, as sociedades agropastoris, em particular aquelas cujos reflexos se encontram no Pentateuco, não se baseiam no dinheiro. A rigor, a única instituição que se aproxima disso, e que é anterior à invenção da moeda, é o crédito. Mas as harmônicas do crédito são de tal modo vastas que recobrem praticamente todas as formas de sociedade. Diga-se o que se quiser do crédito, só as sociedades urbanas podem fazer do dinheiro o nervo da economia. Além disso, não sem matizes, visto que o comércio monetarizado é pensado na categoria do estrangeiro, com todas as questões humanas e sociais a que está vinculado.

O dinheiro é o nervo da paz social. Sem dúvida. Mas essa é uma concepção da atualidade, de inspiração liberal, que data apenas de três séculos. Essa suposta paz social fundada no dinheiro o disputa com outros fundamentos do vínculo social: a razão, o Estado, que, a partir do século XVI ocidental, substituiu a

31. M. Weber, *Économie et société dans l'antiquité* (1908), Paris, La Découverte, 1998.

religião como produtor do vínculo social, o trabalho a partir do século XIX e, mais próximas de nós, a nação e a cultura.

Em compensação, na Bíblia o dinheiro não aparece como um dom caído do céu, à maneira do "maná", nem mesmo como uma renda derramada pela natureza, tal como o pensavam os fisiocratas no século das Luzes, e menos ainda como um subproduto da cultura tecnológica ou organizacional, como se diz hoje. Na Bíblia, o dinheiro aparece como a fonte de todos os desvios do mundo urbano. Os profetas dão testemunho disso. Eu aproximaria sem dificuldades sua situação histórica da dos socialistas do século XIX, escandalizados com os efeitos sociais e morais do capitalismo nascente.

Essa relatividade histórica leva-me à hipótese segundo a qual o vocabulário monetário assume pouco a pouco, mas não sem resistência, o lugar da Terra Prometida no imaginário e na atuação do povo cada vez mais urbanizado. Tomando de empréstimo o caminho que conduziu os hebreus à Terra Prometida, o dinheiro descobre aí as mesmas contradições. Como todos os mitos vivos, ele "contém" a violência, nos dois sentidos da palavra "conter": limita-a como a tigela contém a sopa, mas a contém igualmente no sentido de que a violência está nele. Na medida em que fosse sustentada, essa hipótese permitiria dar conta dos paradoxos monetários do Evangelho, ao mesmo tempo perigo e símbolo de salvação. Daí os dois desenvolvimentos que restam: primordialmente substituto do território, o dinheiro acaba por se tornar a garantia de um reino que nunca deixa de escapar.

B. A dimensão territorial do dinheiro

As sociedades agropastoris não podem ser concebidas sem território. Da história de Abraão à Terra Prometida, a delimitação do espaço e o problema da soberania com relação ao território estruturado por seus pontos de água parecem ter escandido o fluxo e o refluxo dessas populações bíblicas. Seu sinal originário, a meu ver, é a insistência de Abraão em pagar a extremidade de terreno em que se situa a caverna de Macpela, na qual deseja enterrar sua mulher e onde ele próprio será enterrado. Passagem espantosa da Escritura essa de Gênesis 23,16, em que se vê Abraão obrigar o hitita a receber 400 siclos de prata[32], pois não se trata

32. Cerca de quatro quilos. Para as equivalências, ver J. Briend, M. Quesnel, *La vie quotidienne aux temps bibliques*, p. 205-206 (moeda), 207 (peso); R. de Vaux, *Les institutions de l'Ancien Testament*, t. 1, p. 311-312.

manifestamente de um comércio em que se compra para revender. Trata-se da inscrição de Abraão num território particular. Esse *quitus* exigido é ao mesmo tempo sinal de propriedade e marca de soberania sobre a extremidade de terreno. Se é isso o que ocorre, compreende-se a hesitação do hitita, numa tradição que ainda permanece em alguns cantões da Suíça, nos quais a regulamentação ergue uma montanha de obstáculos diante do estrangeiro que deseja adquirir um domínio.

O povo é o intermediário que permite passar do território ao dinheiro. Dá testemunho disso a surpreendente, dado que anacrônica, exegese de um rabino da atualidade, retomada por Shaul David Botschko, diretor da Yechiva d'Elisabethville, quando do 28.º colóquio dos intelectuais judeus de língua francesa dedicado ao dinheiro. Depois de enfatizar que os patriarcas eram muito ricos[33], o rabino Botschko procura explicar a mentira de Abraão na chegada ao Egito (Gn 20): faz passar sua mulher por sua irmã a fim de ser bem tratado, diz o texto (Gn 12,13), a fim de atrair os presentes, de acordo com a interpretação de Rashi retomada por Botschko[34]. O autor resume seu argumento da seguinte maneira:

> A riqueza de Abraão é a riqueza daquele que haverá de tornar-se um povo; a de Isaac, a riqueza daquele que finca raízes em sua terra; a de Jacó é o sinal de que esse povo, mesmo longe de sua terra, permanecerá sempre um povo à parte. Ele não se alinha entre as nações por duas razões: porque sua moral e seu comportamento são diferentes, mas também porque se tornou poderosamente rico[35].

A exegese do rabino Shaul David Botschko peca sem dúvida por anacronismo. Não obstante, permanece incontestável, para um economista, o laço não necessário teoricamente, mas constatável na maioria das sociedades, entre o dinheiro e o território. Esse laço esclarece, a meu ver, uma atitude de Jesus que pode parecer contraditória, em dois textos nos quais ele testemunha a liberdade daquele que só pertence a Deus, mas em que o economista percebe uma diferença: Jesus paga de bom grado o imposto político devido ao ocupante romano, na famosa diatribe com os fariseus a propósito do imposto pago a César (Mt 22,15-22 e paralelos): "Dai a César o que é de César e a Deus o que é de Deus"

33. S. D. Botschko, L'argent suspect, in H. Halpérin, G. Lévitte (orgs.), *L'argent*. Actes du 28e colloque des intellectuels juifs de langue française, Paris, Denoël, 1989, p. 51-52. Cf. Gênesis 13,2 (Abraão); 26,13-14 (Isaac); 30,43 (Jacó).
34. Ibid., p. 52.
35. Ibid., p. 57.

(Mt 22,21). A atitude de Jesus atesta a inscrição da religião num quadro político predeterminado. Em compensação, o pagamento do didracma ao Tesouro do Templo (Mt 17,24-27) só se justifica para evitar o escândalo (Mt 17,27). Jesus adota, portanto, uma postura geográfica e politicamente situada, ao passo que, na ordem religiosa, parece colocar-se de modo defasado.

C. A dimensão religiosa do dinheiro

A terra é o arquétipo de um reino cujo caráter ilusório se afirma à proporção que a sociedade se torna mais urbana. Uma vez conquistada a terra, e não mais "prometida", uma vez a terra em perda de vitalidade, a imagem de Jerusalém e a de seu Templo prevalecem. Com uma ponta de humor, observo que, se o Templo de Salomão já era recoberto de ouro (1Rs 5,5-6,38), o Templo e o dinheiro acham-se ligados desde Esdras (Esd 8,26-27). Assim, Esdras reúne, pesa e põe nas mãos dos sacerdotes, para o Templo, 650 talentos de prata, por volta de 22 toneladas, e 100 talentos de ouro, por volta de 3.400 quilos.

No Novo Testamento, e num contexto de franca hostilidade com relação a Mammon[36], é surpreendente a utilização do vocábulo monetário para designar o reino vindouro. Ora, constatamos que nas parábolas do reino o dinheiro designa claramente o lugar escatológico. A parábola do dracma perdido (Lc 15,8-10) compara a alegria dos anjos por um único pecador arrependido à da mulher que recupera seu dracma perdido[37]. Na dos trabalhadores da undécima hora (Mt 20,1-16), é em torno de um denário que a parábola do reino se constrói. A oposição entre Mammon e o reino provém de fato de uma única e mesma lógica monetária: como não é objeto de uma apropriação, o reino é recebido. Apropriar-se de seu símbolo, o dinheiro, seria condenar-se a nada possuir.

Essa interpretação é elucidada pela parábola dos talentos (Mt 25,14-30) e das minas (Lc 19,12-27)[38]. Nessas duas passagens, o signo monetário se apresenta como substituto do senhor ausente, que partiu em viagem. É possível interpretar a parábola do bom samaritano (Lc 10,29-37) no mesmo sentido. Depois de ter cuidado do ferido, o samaritano continua seu caminho. Ao hospedeiro

---

36. Cf. nota 27.

37. É verdade que a parábola precedente compara essa alegria à do pastor que recupera sua *ovelha* perdida.

38. A mina (cerca de quinhentos gramas) pesava sessenta vezes menos do que o talento (cerca de 34,2 quilos).

deixa duas moedas de prata, sinal de sua passagem enquanto espera o retorno. A unção de Betânia, em João 12,1-11, pode ser compreendida no mesmo quadro de pensamento. Jesus responde a Judas, que desejava vender o perfume, isto é, transformá-lo em dinheiro para dá-lo aos pobres (Jo 12,5): "Tereis os pobres sempre convosco; mas eu, nem sempre me tereis" (Jo 12,8). Em suma, com Jesus que está próximo não se estabelecem relações mediatizadas pelo dinheiro, vive-se uma presença sem rodeios. O dinheiro servirá aos pobres de penhor da presença de Jesus. Isso evita a piedosa confusão mental que identifica de imediato o Jesus da história e os pobres que encontro.

À luz dessas passagens evangélicas, o reino apresenta-se como a comunidade solidária dos pobres, a qual justamente o dinheiro designa de longe. Que o dinheiro se refira necessariamente a uma comunidade real vindoura é uma evidência; para convencer-me dela, basta tomar consciência de que aceito uma nota promissória na única medida em que tenho confiança na comunidade que me fornecerá, mais tarde, os bens e serviços de que necessitarei. No momento desejado, apresentarei a essa comunidade (qualificada pelos economistas de "comunidade de pagamento", o que não deixa de ter uma conotação com o resgate) essa garantia, que é a promissória que eu mesmo recebi. Essa realidade antropológica do dinheiro esclarece muito a aproximação feita há muito tempo entre as duas brancuras: a da moeda (metal branco) e a da hóstia, igualmente redondas. Além das comparações de forma e de cor, a hóstia pode então ser vista como a garantia do reino vindouro. Esse reino é constituído pela comunidade que acolherá o fiel, à maneira do administrador desonesto da parábola (Lc 16,8): seu advento repousa, como o dinheiro, na fé. "Non aereus[39], sed Fides" era marcado nas antigas moedas maltesas.

Não há necessidade alguma de tomar partido nesses jogos sociopolítico-religiosos para compreender que, se o dinheiro é o penhor do reino, presença atual do Cristo ausente, é esclarecido um detalhe evangélico que há muito intriga os economistas: por que é preciso "vender" os próprios bens antes de distribuí-los aos pobres? Mateus 19,21, Marcos 10,21 e Lucas 18,22 valem-se do convite dirigido por Jesus ao jovem rico: "Vai, vende o que possuis e doa-o aos pobres, e terás um tesouro nos céus. Depois vem, segue-me". Em outra passagem, a exortação é dirigida a todos: "Vendei o que possuís e doai-o em forma de esmolas" (Lc 12,33). Por que passar pela moeda? Uma resposta

39. *Aereus*: moeda de cobre.

trivial consiste em enfatizar que para o pobre o dinheiro vale mais do que o sanduíche de igual valor. Isso porque, com o dinheiro do sanduíche, o pobre pode comprar o sanduíche ou outra coisa, à sua vontade. Essa liberdade individual condicionada pelo mercado é uma leitura contemporânea. Sem ser falsa, ela me parece menos pertinente do que a leitura mais respeitosa da história bíblica, que faz do dinheiro o signo de um ausente, na expectativa de seu retorno.

A parábola do administrador infiel em Lucas 16,1-8 completa o quadro. Pelo uso que faz do dinheiro, o administrador anuncia uma boa nova: o Deus escrutador que pede contas é substituído pela comunidade de irmãos e irmãs que o acolherá nas moradas eternas. Isso pela virtude do dinheiro, como parece acentuá-lo a moral da história: "Fazei amigos com o dinheiro da iniqüidade" (Lc 16,9). Aqui, mais uma vez, o dinheiro desempenha uma espécie de "sacramento material", de acordo com as palavras de Claudel ao apresentar sua peça de teatro, *L'échange* [A troca], na qual o dinheiro é o protagonista[40]. Sacramento material, símbolo de um mundo antecipado como é o econômico, visto que a antecipação é o princípio interno da vida econômica, como recorda Jean Ladrière[41]. Isso equivale a dizer que o dinheiro só pode funcionar como garantia se não é retido.

Conclusão. As três dimensões do dinheiro

A Bíblia enfatiza a dimensão comunitária do dinheiro; ela recorda ao economista que a moeda só pode funcionar como unidade de conta, meio de troca e reserva de valor ao assumir relações sociais muito particulares, simbolizadas na Bíblia pela Terra Prometida, pelo Templo e pelo reino. Essas relações sociais se resumem bem naquilo que os economistas estão de acordo em chamar de comunidade de pagamento, isto é, o conjunto dos fornecedores que aceitaram o dinheiro em contraparte de seus bens ou de seus serviços.

O esclarecimento bíblico desvela a dimensão propriamente religiosa do dinheiro em sua dupla dimensão ao mesmo tempo coletiva e portadora de sentido. Dimensão coletiva, pois o dinheiro na Bíblia é o símbolo da terra e do povo. Dimensão espiritual portadora de sentido igualmente na medida em que a Bíblia

40. Nota de P. Claudel, presente no programa das representações dadas ao Théâtre des Mathurins em 1937, in P. Claudel, *Théâtre*, ed. J. Madaule, J. Petit, Paris, NRF Gallimard, 1967, p. 130 (col. Pléiade).

41. J. Ladrière, L'éthique et l'économique, in Id., *L'éthique dans l'univers de la rationalité*, Namur/Quebec, Artel/Fides, 1997, p. 213-228, espec. 214-221 (col. Catalyses).

faz da moeda um penhor, o signo monetário, signo de uma riqueza sempre designada de longe, sempre pronta a vir, sempre pronta a realizar, como o sentido. A aproximação dos vocabulários, credo-crédito, fé-fiduciário, conjuga as duas dimensões religiosas do dinheiro. Isso talvez explique a concorrência entre o dinheiro e o sacramento cristão, freqüentemente analisada pelos sociólogos e pelos literatos. Georg Simmel, há um século, e, mais próximo de nós, Marc Shell chegam à mesma constatação: "O dinheiro é um objeto particularmente delicado para a cristandade. Em primeiro lugar, porque é um equivalente universal. E em seguida porque exprime, como Jesus enquanto Deus, a manifestação de uma coisa ideal e real"[42].

Quando lê a Bíblia, o economista vê aparecer o relevo da moeda. O lado desgastado, o da cifra, permite que o economista resuma tudo ao cálculo econômico: é seu lugar habitual. Se ele vira a moeda, o lado diante dele recorda-lhe a autoridade pública sem a qual seria inconsistente o vínculo social; por fim, considerando o vínculo entre a economia e a política, ele percebe na troca monetária uma dinâmica religiosa, a da sociedade civil, portadora de sentido sempre a fazer-se.

---

42. M. Shell, L'art en tant qu'argent et en tant qu'art, in R.-P. Droit (org.), *Comment penser l'argent?*, Paris, Le Monde éditions, 1992, p. 103. Ver também G. Simmel, *Philosophie de l'argent* (1905), Paris, PUF, 1985, p. 281.

Bíblia e mundialização

Édouard Herr

A globalidade do tema "mundialização e Bíblia" pode provocadora. Portanto, é preciso começar por definir o tipo de abordagem que tentaremos fazer aqui.

A mundialização e a história santa narrada na Bíblia constituem duas dinâmicas fundamentais para a humanidade. Trata-se de compreender a lógica específica e os objetivos de cada uma dessas dinâmicas e de avaliar suas interações recíprocas.

À primeira vista, ambas, mundialização e história santa, são bastante heterogêneas e, caso seja necessário considerar seus impactos mútuos, convém encontrar uma mediação adequada. Propomos a ética. A perspectiva da Bíblia aqui proposta é cristã.

I
A mundialização e seus objetivos

A. Em torno de uma descrição

A mundialização atual inscreve-se numa longa gênese[1] que tem como etapa significativa a "descoberta" do novo mundo (!) no século XVI pelo "antigo mundo"; já havia mundialização no ar. Como se sabe, essa etapa foi muito ambivalente; a mundialização contemporânea não o é menos. O século XVI foi também o início dos tempos modernos, precursores das Luzes e da Revolução Industrial.

A etapa presente só é compreensível de acordo com o contexto histórico, cuja

1. J. Adda, *La mondialisation de l'économie, 1. Genèse*, Paris, La Découverte, 1998.

lógica pode ser esclarecida por estes dois conceitos: "a emancipação" e "a autonomia" com relação à tutela religiosa, política e ética. Em outras palavras, o econômico se emancipa do controle político e ético, enquanto a sociedade opta por dar prioridade antes ao êxito econômico terreno do que à salvação no além.

A atual mundialização tende a incluir nosso planeta num único sistema ecotécnico de inspiração neoliberal, que tem como uma das características principais o fato de não mais estar tão marcadamente sob o controle dos Estados[2]: seu principal regulador é o mercado[3]. Isso se verifica sobretudo no domínio das finanças.

As empresas multinacionais — as empresas verdadeiramente mundiais são raras — constituem atores potentes e "nômades": elas se acham menos ligadas aos Estados ou às nações do que antes e são elas que melhor se adaptam ao espaço mundial, chegando até a adaptá-lo à sua conveniência[4]. Essas empresas fazem pressão (*lobby*) sobre os Estados e os organismos internacionais[5] para fazê-los favoráveis a seus interesses.

Os decisores-proprietários são acionistas individuais, familiares e sobretudo coletivos (fundos de pensão e investidores institucionais). É costume falar de um capitalismo patrimonial[6] para significar que são os acionistas (fundos de pensão e investidores institucionais) que exercem mais do que antes sua influência sobre o andamento das empresas. Suas exigências de rendimento sobre o capital obrigam as

2. Nesse sentido, pode-se dizer que o sistema é mais do que "internacional", pois não são mais os Estados nacionais que o regulam prioritariamente, mas o mercado, e isso no plano "mundial".

3. Pode-se definir "mercado" como o lugar de encontro entre ofertas e procuras solventes de bens e serviços expressos em preços. Cada vez mais domínios entram na esfera comercial (por exemplo, a cultura, o ensino, a saúde etc.). Costuma-se falar de mercantilização ou sociedades de mercado. É preciso de fato perceber que o mercado funciona segundo as capacidades solventes dos atores. Alguém que não disponha de dinheiro simplesmente não existe para o mercado. O mesmo acontece num regime de voto censitário no qual o cidadão dispõe de um número de votos proporcional a seu poder de compra. Algo que não é muito democrático. Impõe-se uma reflexão ética sobre o seguinte tema: tudo é vendável e comprável?

4. Pode-se perguntar com alguns autores se as multinacionais não fabricam para si o direito de mundialização a expensas de uma autêntica mundialização do direito (que respeite os direitos do homem). Essa é também a questão geral do funcionamento das instituições internacionais: FMI, ONU, OMC.

5. Para o grande público, a tentativa de um Acordo Multilateral sobre o Investimento (AMI) foi o desencadeamento simbólico da reação contra a mundialização (1995). Esse acordo foi percebido como um controle que as multinacionais impunham aos Estados. Para uma apresentação desse tema: É. Cohen, *L'ordre économique mondial.* Essai sur les autorités de régulation, Paris, Fayard, 2001, p. 90-96.

6. A literatura a esse propósito é considerável. Para uma obra de vulgarização da tese, ver A. Minc, disponível em: <www.Capitalisme.fr>, Paris, Grasset, 2000.

empresas a tomar medidas de racionalização muito duras. Por conseguinte, são os poupadores que prevalecem sobre os trabalhadores.

Poucas pessoas tinham previsto o modo pelo qual esse processo de mundialização estremeceria radicalmente as culturas, a ponto de nos abandonar à problemática da desestabilização e do confronto das culturas[7].

Embora a mundialização seja sobretudo um processo econômico e técnico, é importante perceber que ela se acha articulada às outras dimensões da vida social, política, ideológica, cultural e social.

B. Mundialização do capitalismo

Segundo essa descrição bastante geral, é o capitalismo que se mundializa, sobretudo a partir da queda do muro de Berlim. Essa constatação é valiosa visto que, na avaliação da mundialização, é possível recorrer às numerosas reflexões que foram feitas acerca do capitalismo[8].

O fato de o capitalismo se mundializar acrescenta, porém, alguns elementos novos. Se ele se estender aos confins do mundo, integrará realmente todo o mundo, sobretudo os 2 a 3 bilhões de pobres? Um único mundo, sem dúvida... mas um mundo para todos? Questão crucial.

Além disso, o capitalismo em vias de mundialização domina muitos outros "mundos" que não o econômico: ele toca as dimensões da cultura, da ética e da política.

Não estará aí o principal desafio do capitalismo mundializado? Conseguir antes integrar as massas de pobres do que marginalizá-las, e respeitar as qualidades humanas e, em especial, a liberdade de cada homem. "Promover todo homem e todo o homem."[9] Universalidade e integralidade.

Por fim, capitalismo mundializado significa também alcance dos limites: não há mais nenhum meio de ir "a outro lugar", atingimos os confins de nosso mundo. Abre-se então a problemática dos movimentos demográficos, do meio ambiente, dos recursos não-renováveis,

7. Pode-se explicar esse impacto da seguinte maneira: as sociedades tradicionais encaixaram fortemente o funcionamento econômico em reguladores antes de tudo sociais e culturais. A introdução do capitalismo despedaça esses funcionamentos, visto que dá prioridade ao mercado e à concorrência sobre outros reguladores. Isso acarreta reviravoltas culturais e sociais imensas.

8. Ver notadamente as encíclicas sociais dos papas durante o século XX.

9. Essa expressão vem de Paulo VI: Encyclique "Populorum Progressio". Le développement des peuples (26 de mars 1967), § 14, in *Documents pontificaux de Paul VI*, Saint-Maurice, Éditions Saint-Augustin, 1970, v. VI, p. 216.

mas também do desenvolvimento duradouro. De maneira mais profunda, o limite — em termos mais filosóficos, a finitude — acaso não é também apelo à abertura a outros "mundos", a outras dimensões: a espiritualidade, por exemplo, mas também a solidariedade e a interculturalidade? Um mundo fechado em si mesmo pode degenerar numa luta incessante pelo poder, pela dominação e pela riqueza.

C. A dinâmica operante no capitalismo "mundializante"

J. Schumpeter qualifica do seguinte modo a dinâmica ou o espírito do capitalismo em vias de mundialização: um processo de destruição criativa permanente iniciado por uma espécie de figura mítica: a do empreendedor[10]. Inventam-se sem cessar novos produtos, novos processos e meios de produzir acompanhados de agrupamentos de empresas e de reestruturações com freqüência bastante brutais para o pessoal envolvido. O importante é apreender que o capitalismo é um movimento, uma dinâmica com mudanças contínuas, em que aqueles que não se beneficiam de uma boa base de partida correm o risco do naufrágio. Basta pensar na informática, na biotecnologia, na comunicação para captar isso intuitivamente. Poderíamos dizer que, depois da invenção da máquina a vapor e da eletricidade, nos encontramos na terceira revolução tecnológica e econômica principal da época industrial. Se interrogamos sobre as motivações dos "empreendedores", elementos criadores do processo, Schumpeter especifica com clareza que esse grupo tem o sucesso econômico como concepção de vida; seus valores orientadores são a eficácia e o controle.

Os consumidores dotados de um poder de compra elevado se beneficiam da mundialização, por exemplo, no turismo e na cultura, mesmo que sejam famosamente manipulados, em particular pela publicidade. Reconhecemos que ocorreram progressos extraordinários na área da medicina e que as condições de vida de um grande número de pessoas passaram por grande melhoria. Esse é o aspecto criativo que Schumpeter acentua fortemente. Mas bilhões de pessoas não possuem os meios de ser consumidores e a desigualdade assume proporções incríveis.

Logo, é compreensível que esse processo seja também fundamentalmente destrutivo: do ponto de vista econômico, não há dúvida, mas sobretudo dos pontos de vista social (trabalho), familiar, cultural e religioso.

---

10. J. Schumpeter, *Capitalisme, socialisme e démocratie,* Paris, Payot, 1946, p. 122.

O que Schumpeter enfatiza menos é que, para comprar produtos sempre novos, são necessários, prontos para moldá-los e manipulá-los, consumidores hedonistas, "libertos" de considerações éticas, em busca da felicidade pela mediação econômica: "consumo, logo existo" — com a condição de ter dinheiro... O paradoxo consiste no seguinte: suplica-se às pessoas que continuem a consumir mesmo que disso não tenham vontade, pois sem consumo o sistema implode. Não há aí uma espécie de alienação e até de escravidão ou de idolatria?

D. Conseqüências econômicas e sociais da mundialização

Um dos domínios em que a mundialização se manifesta mais é o comércio internacional dos bens, mas também, e cada vez mais, dos serviços. O processo de destruição criativa do capitalismo mundializado funciona no nível do comércio mundial como uma concorrência ampliada: de uma parte, entre países em que os salários são elevados e países emergentes em que os salários são muito baixos; de outra parte, também entre países com tecnologias de ponta e, portanto, sobretudo entre países ricos ocidentais. Contrariamente à famosa teoria das vantagens comparativas do economista D. Ricardo (1772-1823), essa concorrência comercial é "cruzada": opera-se com relação aos mesmos produtos (por exemplo, os automóveis) e a especialização internacional na produção é fraca. Isso significa que a concorrência é exercida por competição de preços. Segue-se daí ser preciso comprimir os custos, dos quais o mais importante é a mão-de-obra. Desemprego, planos sociais e deslocalizações decorrem disso. Em contrapartida, essa concorrência ampliada é inteiramente benéfica para os consumidores, dado que compram a um preço menos alto. O problema é que, para um bom número deles, é necessário ser trabalhador antes de poder tornar-se consumidor.

Considerando-se o que acaba de ser dito acerca do tipo de concorrência generalizada, alguns economistas[11] julgam que as conseqüências prováveis serão as seguintes. As desigualdades aumentarão progressivamente no interior dos países segundo as pessoas sejam competitivas ou não no mercado de trabalho: é grande o perigo para aquelas que são pouco ou não-qualificadas; estão destinadas ao desemprego ou a um trabalho mal remunerado. Além disso, os países emergentes

11. P.-N. Giraud, *L'inégalité du monde*. Économie du monde contemporain, Paris, Gallimard, 1996; Id., Les causes des inegalités croissantes dans les pays riches, *Études*, 3881 (jan. 1998) 29-40.

(alguns países do sudeste asiático, o Brasil, a Índia, a China, o leste da Europa) alcançam mais ou menos os países avançados. Assim sendo, a desigualdade no interior aumentará também nesses últimos, mas a desigualdade entre os países emergentes e os países ricos tende a decrescer[12]. Por fim, os países que não são competitivos ou não se beneficiam de uma renda tal como o petróleo são marginalizados (muitos países africanos, os da Ásia Central etc.).

Além disso, a liberalização das finanças (circulação dos capitais, especulação, investimento direto, participações, fusões etc.) foi extensa e brutal. Teoricamente, pretende-se que essa mundialização liberal permita uma melhor e mais eficaz alocação dos recursos financeiros; mas a teoria pressupõe várias condições que no principal dos países mais pobres nunca são atendidas. Essa liberalização permitiu, graças à “nova economia”, uma insensata “bolha” na Bolsa no fim dos anos 1990; a queda da Bolsa em 2002-2003 foi uma conseqüência catastrófica disso. Como o único regulador é o mercado, a mundialização financeira se caracteriza por consideráveis instabilidade e vulnerabilidade[13] nefastas sobretudo para os pobres (por exemplo, no México).

Precisemos um efeito do capitalismo patrimonial: as empresas passam pelo controle dos poderosos grupos de acionistas, os trabalhadores têm cada vez mais a impressão de perder todo o controle, tanto pessoal como coletivamente. A mais-valia é repartida em benefício dos acionistas e a expensas da mão-de-obra. Eis o paradoxo dos fundos de pensão.

Resumamos. A explosão das capacidades produtivas em termos econômicos e tecnológicos é o triunfo da mundialização, pois em princípio permite elevar o nível de vida de cada um, dispondo dos recursos de todo o planeta. Costuma-se dizer que o capitalismo é o método de produção mais eficaz. Mas na realidade esse processo é anárquico: não se submete em absoluto ao controle político e

12. É verdade que acaloradas discussões opõem os especialistas. É o progresso técnico ou o comércio que cria as desigualdades? Alguns (Cohen e Krugman, por exemplo) dizem que é o progresso tecnológico o responsável pelo desemprego nos países desenvolvidos, e não o comércio. Outros replicam (Giraud) que o progresso tecnológico costuma ser estimulado e acentuado pela concorrência mundial. Dessa forma, é preciso abrir os países pobres ao comércio ou protegê-los dele?
Seja qual for o caso, parece que os países ricos conhecem suficientemente o assunto para erguer barreiras de todos os tipos entre algumas concorrências e para subsidiar alguns produtos, como os agrícolas, com os quais inundam os países pobres do sul (cf., por exemplo, a política agrícola comum na União Européia).

13. D. Plihon, Les enjeux de la globalisation financière, in S. Cordellier (org.), *La mundialisation au-delà des mythes*, Paris, La Découverte/Syros, 2000, p. 69-79.

ético. Ele favorece freqüentemente os fortes a expensas dos fracos. Engendra desigualdades, instabilidades e inseguranças. Ou seja, constitui verdadeiramente um processo gigantesco de destruição (sobretudo em termos sociais e culturais) criativa (em termos econômicos, mas sobretudo para os privilegiados e sem que seja avaliada a qualidade ética da criação). O capitalismo mundializado fascina por sua eficácia e seu controle técnico, mas seria desejável um controle (+) desse controle (–). Por um lado, controle político, para que o econômico seja posto a serviço do político como responsável pelo bem comum a partir de então mundial, até no que se refere ao desenvolvimento duradouro. Por outro lado, controle ético, para que essas forças estejam a serviço da humanidade e não destruam sua dignidade, notadamente no domínio das biotecnologias.

E. O impacto cultural da mundialização econômica

Até aqui, refletimos em termos econômicos, éticos e políticos. Mas a mundialização tem também um impacto considerável em termos culturais. O processo de destruição criativa que se exprime sobretudo em matérias econômicas e sociais gera enormes mudanças sociais. A tarefa da cultura consiste em interpretar e em organizar o mundo no qual os seres humanos vivem. Ora, a mundialização vem abalar de modo intenso seus "mundos" e, portanto, sua cultura. Pensemos no impacto da visão científica, mas também nos estatutos sociais dos homens e mulheres, no aspecto demográfico e na urbanização. Os seres humanos são profundamente perturbados. Com efeito, a cultura fornece ao mesmo tempo raízes (tradição, passado, estética) e finalidades (orientações, futuro, ética). Perder esses pontos de referência é tão perigoso para o homem quanto ser ameaçado fisicamente. Pensemos, por exemplo, nos refugiados e nos imigrados: são desenraizados e sem futuro. Nas diferentes culturas atingidas pela mundialização, é preciso esperar reações muito fortes com riscos de violência consideráveis. Tanto mais que o próprio capitalismo veicula uma cultura dita "ocidental", com freqüência confundida com o cristianismo, que aparece como ameaçadora, fascinante — numa espécie de relação ódio–amor — e hegemônica. O paradoxo é, então, o seguinte: a mundialização sugere, de maneira às vezes ilusória e ideológica, a integração das diversidades numa unidade. Ora, no nível das culturas, a mundialização efetiva pode pôr-nos diante de um dilema: o capitalismo mundial vai aniquilar as outras culturas e reduzir a unidade mundial a uma uniformização por meio da cultura liberal, produtivista e consumista? Ou, ao contrário, vamos assistir a um choque de culturas, com conflitos e guerras? Seja uma unidade sem diversidade, seja uma diversidade sem unidade[14]. B. Barber[15] esboça esse dilema mortal para a democracia ao falar, por um lado, de *McWorld* (cultura mundial do tipo McDonalds) e, por outro, de *Djihad* (cultura de grupos integristas violentos, como o islamismo político). É indubitável que as duas dinâmicas estão em ação no mundo contemporâneo, sobretudo depois de 11 de setembro de 2001. Em outras palavras, há por certo a mundialização, mas também o fracionamento identitário. Os dois processos são perigosos para a democracia no plano político nacional e internacional.

O desafio cultural é então enorme, tanto mais que as próprias culturas devem ainda deixar-se interrogar acerca de sua capacidade de humanizar verdadeiramente os homens e mulheres que pertencem a elas; o desafio é igualmente ético. As religiões são então envolvidas, pois estão ligadas a culturas e, além disso, ao menos algumas delas pretendem não se deixar encerrar numa cultura. A instrumentalização das religiões por causas políticas é das mais deploráveis.

De todo modo, esse dilema paradoxal entre mundialização liberal e fracionamento identitário não é aceitável. Mas o que significa então uma autêntica mundialização das culturas no contexto do capitalismo mundializado? Afinal de contas, não poderemos nos dispensar do desejo de viver uma história comum: só esse desejo de viver em comum permitirá elaborar elementos de cultura comum. Mas isso pressupõe uma aliança das liberdades e, portanto, o respeito a todos, inclusive aos mais pobres. Depois, considerando o que dissemos das culturas como raízes, a construção de uma história comum exigirá também a cura das feridas passadas e a reconciliação das lembranças.

II
A ética como humanização da mundialização

Dissemos na introdução que a ética nos serviria de mediação entre a mundialização e a Bíblia. Tentemos agora destacar os objetivos éticos da mundialização.

A questão ética básica formulada a esse imenso processo de destruição criativa que descrevemos é enunciada deste modo: como avaliar humanamente

14. O pesquisador F. Fukuyama (*La fin de l'histoire e le dernier homme*, Paris, Flammarion, 1992) inclina-se para a primeira hipótese. O professor de Harvard S. Huntington (*The Clash of Civilizations*, New York, Simon & Schuster, 1996), para a segunda.

15. B. Barber, *Djihad versus McWorld*, Paris, Desclée de Brouwer, 1996.

o que criamos e destruímos no processo do capitalismo mundializado?

Já se fizeram ver, ao longo de toda a nossa trajetória, as questões éticas. Nesta parte, gostaríamos de destacar alguns critérios éticos para responder à questão que acabamos de fazer e mostrar que a relação da mundialização com a ética não é uma questão secundária, mas central, pois depende do êxito da mundialização.

A. O critério da liberdade real segundo A. Sen

A. Sen, Prêmio Nobel de economia, pode ajudar-nos a formular um critério muito interessante: o desenvolvimento econômico (aqui a mundialização) deve estar a serviço da liberdade real de cada uma e de cada um[16]. O conceito de liberdade real é uma maneira de articular liberdade e justiça. Ele permite retomar a sentença de Paulo VI: desenvolver todo o homem (liberdade) e todos os homens (justiça, fornecendo-lhes os meios necessários ao exercício de sua liberdade).

Observemos que, pensada dessa perspectiva, a produção econômica não se refere a necessidades, a riqueza material, a interesses, a uma felicidade bastante vaga ou a utilidades, mas a liberdades reais. A economia deveria proporcionar a cada um os bens necessários à busca de sua vocação humana livre. A pobreza e a desigualdade grave são percebidas aqui como ataques à liberdade, visto que não permitem a alguém satisfazer seu desejo de liberdade, sua vocação. A riqueza, por seu turno, pode não atender à meta da economia assim enunciada, pois pode impedir alguém de seguir a vocação de sua liberdade. Daí o paradoxo aparente na mensagem do Evangelho: é preciso combater a pobreza-miséria (justiça) e, ao mesmo tempo, buscar a pobreza que torna livre. Ou ainda: a finalidade da economia, dessa perspectiva, não é a riqueza, mas a liberdade real de todas e de todos (integralidade e universalidade, liberdade e justiça). Em outras palavras: "o sentido do desenvolvimento econômico deveria ser o desenvolvimento do sentido"[17], do homem ou da humanização.

16. A. SEN, *Un nouveau modèle économique*, Paris, Odile Jacob, 2000, p. 13.

17. J.-B. DE FOUCAULD e D. PIVETEAU, *Une société en quête de sens,* Paris, Odile Jacob, 1995, p. 137. É significativo observar que, com critérios desse tipo, ressurge a questão da verdade. Com efeito, liberdade real e sentido do homem são questões antropológicas. Qual é a verdade sobre o homem? Disso emerge a necessária questão ética de "valores" como a liberdade, a justiça e a verdade, e, naturalmente, também a solidariedade.

B. O critério da inversão dos valores segundo M. Albert[18]

De acordo com M. Albert, é preciso evitar inverter a hierarquia dos valores no domínio socioeconômico. Ora, como acabamos de ver, há valores últimos que explicitam a humanidade do homem: a liberdade, a justiça, a solidariedade e a verdade[19]. Não respeitá-los como fins significa atingir a humanidade do homem. E há valores instrumentais, que são da ordem dos meios, mas devem sempre referir-se aos valores finais; só essa referência permite avaliar sua legitimidade. Enumeremos alguns desses valores no campo econômico: riqueza, eficácia, concorrência, lucro, criatividade, propriedade privada, interesses etc. É possível ser eficaz a serviço de uma causa injusta. Esse critério equivale ao adágio bastante conhecido no âmbito da ética; segundo ele, não se devem inverter os meios e os fins. Eis algo particularmente pertinente ao capitalismo mundializado.

É grande a tentação de inverter, por exemplo, eficácia e justiça, ou, sobretudo, lucro e justiça, ou ainda propriedade privada e destinação universal dos bens, que é uma expressão da justiça. Ora, ao perverter a ética, abala-se radicalmente o sistema econômico, que é construído sobre a confiança e a transparência (verdade). O caso Enron ilustrou os efeitos de uma distorção desse tipo.

C. O processo da mundialização como meio

Uma boa forma de pôr esse critério em prática — o respeito à hierarquização dos valores — é articular a mundia-lização como destruição criativa (como meio) à busca e à exigência éticas (como fim). Em resumo, o critério implícito do processo de destruição criativa é a maximização da produção econômica. Essa maximização é muito importante, mas como um meio, como uma condição; ela não é o fim, o objetivo último. Em outros termos, para tornar-se verdadeiramente humano, o processo de destruição criativa da mundialização deve abrir-se e pôr-se a serviço do fim ético: promover todo o homem e todos os homens, ou, segundo o critério de Sen, a liberdade real. Só então ele participará da construção de uma história humana digna das liberdades. Se a trajetória não chegar a isso, o capitalismo mundializado permanecerá pré-humano e reduzirá o homem a um subestatuto.

18. Esse critério foi enunciado quando de uma conferência feita por M. Albert, autor do conhecido livro *Capitalisme contra capitalisme*, Paris, Seuil, 1991.
19. Esses valores finais estão intrinsecamente ligados entre si. Tratar de um é necessariamente implicar os outros, ferir um é também atacar os outros.

Para tomar uma analogia no mundo psíquico, poderíamos dizer que a destruição criativa pode ser comparada com uma pulsão psíquica que, para tornar-se construtiva para a pessoa, deve ser assumida no projeto de uma liberdade responsável por ela mesma e pelos outros[20]. A destruição criativa é como uma poderosa energia, mas, caso não seja "sublimada", destrói. No plano social, a "pulsão" de destruição criativa deve ser assumida num projeto político que seja a expressão da liberdade humana.

Percebemos assim que a articulação da mundialização (como um meio) à liberdade real (como fim ético) é uma condição fundamental do êxito antropológico desse processo. Evidentemente, mas esse não é o objetivo de nosso estudo, a própria ética deverá passar pela mediação política para se realizar nos fatos.

Se esses critérios éticos são aplicados à mundialização, é forçoso constatar que muitas desigualdades e funcionamentos institucionais injustos subsistem. Temos de lembrar-nos, além disso, do bilhão de pessoas que vive em situação de pobreza absoluta e da metade da humanidade que vive em situação muito precária. A única solução humanizante reside num abalo ético que se traduza num controle político do capitalismo mundializado.

Com base nisso, a questão "pela ou contra a mundialização?" se mostra um pouco limitada. Essas forças tremendas constituídas pelo capitalismo em vias de mundialização devem ser assumidas, integradas e ordenadas a uma finalidade ética cujos critérios procuramos formular. Logo, trata-se de transformação ou de construção.

III
Bíblia e mundialização

A. O controle, objetivo ético da mundialização e da Bíblia

Como vimos, a mundialização deve completar-se ao integrar-se à dinâmica ética da liberdade. Para articular Bíblia e mundialização, é preciso agora mostrar como a Bíblia, por intermédio da ética, encontra a mundialização. Com essa finalidade, devemos elucidar como abordamos aqui a Bíblia.

1. A Escritura Santa como proposição de aliança universal

A Bíblia é uma "biblioteca", um livro composto de muitos livros, escri-

20. Um filósofo como Maurice Blondel poderia fortalecer essa reflexão.

tos em épocas muito diferentes e com gêneros literários bastante diversos. Pode-se abordar a Bíblia como tal, um livro-biblioteca, uma obra excepcional, de acordo com abordagens muito ricas: literária, espiritual, cultural, arqueológica, histórica etc.

Mas a opção escolhida aqui é acolher essa Escritura santa como um "livro selado", segundo a expressão do Apocalipse (5,1), compreensível em última instância, para um cristão, tão-somente à luz de Jesus Cristo, Filho de Deus[21].

Ele mesmo nos introduz a seu modo de interpretar a Bíblia como história da Salvação no episódio dos peregrinos de Emaús, em Lucas 24,13-35:

> Então ele [Jesus] lhes disse: "Ó insensatos e lentos de coração para crer tudo o que os profetas anunciaram! Não era preciso que Cristo sofresse tudo isso e entrasse em sua glória?". E, começando por Moisés e por todos os Profetas, interpretou-lhes em todas as Escrituras o que a ele dizia respeito (Lc 24,25-27).

Jesus é ao mesmo tempo o intérprete e o interpretado: toda a Escritura fala dele se lida segundo seu Espírito.

Se é adotada essa chave de leitura, a Bíblia apresenta-se então como uma história de aliança entre Deus e a humanidade, por intermédio do povo de Israel, história que culmina e se realiza no Cristo vindo para o meio de nós (cf. Hb 1,1-4). Ele se encarnou, Palavra de Deus, autocomunicação de Deus, para libertar-nos de todas as nossas escravidões, das quais o protótipo figura no êxodo do Egito do povo hebreu (Ex 14). Cristo deseja libertar-nos do mal e da morte para que vivamos em comunhão com ele e o Pai no Espírito.

Como o anuncia o fim do Evangelho segundo São Mateus (Mt 28,16-20), essa proposição da aliança se dirige a todos os homens, de todos os tempos e lugares:

> Ide, portanto, e fazei que todas as nações se tornem discípulos, batizando-as em nome do Pai, do Filho e do Espírito Santo (Mt 28,19).

Os homens só podem responder a isso de maneira livre, pois se trata de uma aliança de amor.

2. Encontro de duas dinâmicas

A mundialização e a Bíblia constituem dois poderosos movimentos, de resto dramáticos. A primeira se define como um processo de destruição criativo

21. É evidente que essa opção pressupõe que os métodos hermenêuticos e exegéticos sejam levados em conta e respeitados.

que se mostra eficaz para adquirir poder e riqueza. Em termos positivos, esse processo pode oferecer à liberdade os meios para que realize seu destino. Em termos negativos, de um ponto de vista ético, corre-se o risco de considerá-la um fim e perder de vista que não passa de um meio. A mundialização pretende reunir toda a humanidade segundo sua lógica econômica.

O outro movimento, a história da salvação relatada na Bíblia, é vivido como uma luta decisiva contra a morte e o mal, a fim de levar à vida em Cristo. Mas essa luta se desenrola ao longo da história e, sobretudo, por meio da condição humana; por conseguinte, também mediante a mundialização da economia, pois na mundialização está também em jogo o destino da humanidade.

Com base nisso, os dois movimentos se encontram de modo inevitável. Em suma, o Verbo de Deus "desce", encarna-se no mundo, em nossos "mundos" e, portanto, também na mundialização, a fim de abri-la à perspectiva do reino. Onde e como? Vimos que a história da salvação relatada na Bíblia é uma história de aliança... de liberdades. Assim, o encontro entre Bíblia e mundialização deve passar pela instância humana da liberdade e, por conseguinte, pela ética.

Damos aqui um passo a mais ao reconhecer que o processo de destruição criativa está destinado a entrar na história com o próprio Deus, chamado, pois, a participar da construção do reino dos céus. Porém, para essa finalidade, deve deixar-se transformar. Na Bíblia, a transformação é denominada "conversão", enquanto em ética falamos de assunção, de integração ou de construção.

A história da salvação, por sua vez, tal como é relatada na Bíblia, pode permanecer numa nuvem falsamente espiritual se o Espírito Santo não assume a humanidade concreta, em particular pelo sistema tecnoeconômico mundial. O que não é assumido pelo movimento de encarnação não é salvo. Crer na ressurreição dos corpos significa de fato que os processos econômicos que fazem viver os corpos pertencem potencialmente a essa ressurreição; mas devem estar "abertos" a isso.

Por conseguinte, a relação se opera nos dois sentidos. Transformação para humanizar-se e universalizar-se (mundialização), e encarnação do Verbo de Deus até no processo de mundialização, por solidariedade com a humanidade, para fazê-la participar da construção do reino do Pai (Bíblia).

Com base nos critérios éticos enunciados (A. Sen, Paulo VI e M. Albert) é possível delimitar a meta central pela qual se produz o encontro entre a mundialização e a história da salvação, pela mediação da ética?

Levando em conta a maneira pela qual caracterizamos o advento moderno do capitalismo como "emancipação" e "autonomia", seria possível dizer que a atitude mais significativa é o controle[22]. No concreto histórico, esse controle costuma degenerar em dominação, instrumentalização e manipulação.

Muitos projetam a expressão "destruição criativa" no campo ético e a compreendem do seguinte modo: o mal (destruição) é necessário ao bem (criação)[23]. Essa transposição é sem dúvida ilegítima, mas revela um primeiro aspecto do controle: o homem como senhor do bem e do mal.

Em seguida, concretamente no plano econômico, a lógica da destruição criativa se desenrola num clima de concorrência e de luta extremas; não é sem razão que o vocabulário dos atores econômicos é com freqüência tomado de empréstimo aos militares. É a relação de forças, é a seleção (neodarwiniana) do mais forte. Logo, também nesse âmbito há risco de luta mortal pelo controle.

Por fim, o capitalismo de ponta em especial (notadamente a biotecnologia) leva à desconfiança de que a busca última da tecnologia no âmago do capitalismo é não a riqueza, mas o poder (principalmente sobre a vida) e, portanto, o controle de algum modo absoluto: autocriação!

Mas quem diz "senhor" implica necessariamente, nas relações sociais, o outro termo ou atitude: o "escravo".

O desenrolar histórico da mundialização mostra de forma destacada como esse "par dialético infernal" atua nas relações sociais. Sem dúvida, a mundialização não está inteiramente a serviço dessa lógica da morte, mas em seu interior se impõe um discernimento. Os critérios éticos mostraram que uma opção vital é necessária, mas nossas liberdades estão feridas e incapazes de libertar-se por si mesmas dessa lógica da morte. Assim, a história da salvação revelada na Bíblia se apresenta como uma proposta de libertação que se encarna onde a humanidade vive seu destino, até, na atualidade, na mundialização. Assim como o povo de Israel no limiar da Terra Prometida foi posto por Deus diante da opção radical, hoje a humanidade às

22. Nesse contexto, entendemos a palavra "controle" em sua ambigüidade, como tentada pela dominação do senhor que se emancipou de toda referência moral, social e política.

23. A idéia comum de um mal necessário ao bem é encontrada nas mitologias do Oriente Médio, nas quais o bem emerge na criação como uma vitória sobre o mal, que faz, portanto, parte do divino. Ricoeur enfatiza que o mesmo não acontece na Bíblia, notadamente nos primeiros relatos do Gênesis. Ele observa também que essas mitologias não-bíblicas têm parentescos com os grandes sistemas filosóficos alemães do século XIX. Cf. P. Ricoeur, *Philosophie de la volonté. 2. Finitude et culpabilité*, Paris, Aubier, 1988 (1960), p. 323-336. Uma metafísica análoga pode estar subjacente a algumas concepções da economia.

voltas com a mundialização deve ainda ouvir a seguinte mensagem:

> Hoje, tomo como testemunhas contra vós o céu e a terra: foi a vida e a morte que pus diante de ti, a bênção e a maldição. Escolherás a vida, para que vivas, tu e tua descendência, amando YHWH, teu Deus, escutando a sua voz e ligando-te a ele. Nisto está a tua vida e tua longevidade, para habitares na terra que YHWH jurou dar a teus pais, a Abraão, Isaac e Jacó (Dt 30,19-20).

A destruição criativa atua orientada para a vida ou para a morte? Essa pergunta exige um discernimento e um engajamento da liberdade, mas no interior de um chamado de Deus, o único capaz de arrancar essa liberdade de sua alienação.

Se essas proposições podem ser importantes o bastante para ligar a Bíblia e a mundialização, convém ilustrá-las com algumas passagens bíblicas significativas, enfatizando a mediação da ética entre o econômico e o teológico, sem esquecer o político. Esse caminhar pela Bíblia se destina sobretudo a mostrar que a mundialização é chamada à construção do reino.

B. Em nome do Pai

Verifiquemos agora como, em diferentes aspectos da mundialização, a humanidade é tentada pela relação "senhor–escravo", em detrimento da atitude de criatura livre e de filho de Deus.

É dito no Gênesis (Gn 1–3) que o homem e a mulher foram criados à imagem de Deus (Gn 1,26-27). Desde o princípio surge para eles a dificuldade de permanecer precisamente criaturas livres: por um lado, eles desejam ser (como) deuses (Gn 3,5) e, por outro, tentam fugir à sua responsabilidade — não fui eu que pequei, foi o outro, foi a serpente, não tenho nenhuma liberdade, não tenho nenhum poder (Gn 3,12-13). Senhor ou escravo. No domínio do econômico e da técnica, pode-se dizer que Deus confia aos homens o "controle" de toda a criação (Gn 1,26.28); logo, eles não são escravos impotentes. Mas, apesar de a criação lhes ser confiada, eles não são senhores todo-poderosos.

O relato da criação esclarece a temática do controle de maneira fundamental ao mostrar que se trata da aceitação ou da recusa da condição de criatura livre: nem senhor todo-poderoso, nem escravo impotente.

O próprio processo da mundialização pode ser interrogado dessa perspectiva de leitura. Nesse processo, não somos tentados a ser senhores todo-poderosos que manipulam a criação ou a ser escravos que aceitam despojar-se de sua liberdade para usufruir de uma felicidade rebaixada? Produtores onipotentes e consumidores alienados e dependentes.

1. O homem produtor

A primeira tentação é particularmente sensível no aspecto "produtor" do capitalismo mundial: dois dos setores mais dinâmicos hoje são a biotecnologia e a cultura no sentido amplo (mídias, comunicação, turismo, lazer, esportes etc.). É significativo que nesses dois setores de ponta não se põem no mercado um objeto ou um produto, mas "produz-se o homem".

Em biotecnologia, trata-se da condição corporal do homem, dado que, por sua capacidade de intervir diretamente sobre o genoma humano, a tecnologia do humano nada mais tem de ficção científica. Nessa perspectiva, resta ainda uma especificidade do ser humano ou a tecnologia industrial vai globalizar o genoma dos seres vivos (plantas, animais e homens) para produzir uma "segunda criação"?[24] O grande público não percebe de maneira suficiente que o objetivo é tanto econômico (capitalismo mundial) quanto político: o eugenismo não servirá apenas para lutar contra algumas doenças, mas também para estruturar a sociedade com base na biologia; o caminho leva diretamente à sociobiologia. A humanidade é tentada a "desempenhar o papel de Deus Pai".

Nossa escolha foi apresentar a articulação entre mundialização e Bíblia mediante o par senhor–escravo, mas, por ocasião desta análise, percebemos agora que, do ponto de vista religioso, existe ainda um nível mais profundo que aflora: o senhor quer tornar-se o próprio deus. Em outras palavras, nas sociedades mais secularizadas como a nossa, não se escapa à sacralização. Alguns regimes, como o nazismo e o marxismo, e hoje também as tiranias políticas ou as ideologias científicas (em biotecnologia justamente), monopolizam os atributos do divino. Em suma, a luta em Israel contra os ídolos ainda é inteiramente atual.

No evangelho segundo São João, existe uma passagem muito significativa nesse contexto: a da purificação do Templo (Jo 2,13-16). Jesus expulsa dele os mercadores e cambistas. Ele diz: "Não façais da casa de meu Pai uma casa de comércio" (Jo 2,16). Em suma, Jesus não ataca o comércio, poderíamos dizer hoje a mundialização, mas luta contra a violência que é infligida a Deus, seu Pai, pelo fato de algumas pessoas servirem-se desse lugar religioso para pervertê-lo em comércio. É essa inversão que é perniciosa: o cúmulo da mercantilização. Como freqüentemente em São João, é claro que esse acontecimento que parece anedótico

24. A expressão análoga "nova gênese" é de J. Rifkin, *Le siècle biotech,* Paris, La Découverte, 1998, p. 100-149. Cf. J.-C. Guillebaud, *Le principe d'humanité*, Paris, Seuil, 2001; F. Fukuyama, *La fin de l'homme*, Paris, La Table Ronde, 2002.

tem uma significação simbólica muito profunda: toda atividade humana comporta o risco de monopolizar o divino, a religião, para seus próprios fins. Acaso não é isso o que ocorre nos dias de hoje no domínio político-militar, no qual os partidos em guerra no Iraque interpretam suas ações como a serviço da causa divina (cruzada, *jihad* etc.)? Surge como questão o vínculo entre violência e guerra ou violência e sagrado, como o evocou, por exemplo, René Girard. Deus nos diz de fato que nos serve (cf. Jo 13,1-15), mas isso não nos autoriza a nos servir dele. Pode-se propor a seguinte questão crucial: se um processo como a mundialização não se abre à ética e à transcendência, não irá utilizar essas dimensões para seu lucro e pervertê-las?

No que diz respeito à cultura no sentido amplo, são atingidos a afetividade e a inteligência, o coração e a cabeça. Dão testemunho disso os relatórios sobre a violência e a pornografia na televisão e a concentração, por algumas grandes multinacionais, dos meios de informação, de edição ou de música. A opinião pública começa a inquietar-se com isso.

Em suma: não se é tentado pela onipotência do senhor a moldar e a fabricar o homem?[25]

Não temos o propósito de dizer que a biotecnologia e a cultura são más. Mas é interessante observar que voltamos a nossos critérios éticos referentes à mundialização. Com efeito, por um lado, a mundialização deve incluir todos os homens (universalidade); por outro, respeitar o homem por inteiro e sobretudo sua dignidade de ser livre, não manipulável (integralidade do homem). É esse último aspecto que é questionado pelo poder tecnológico.

2. O homem consumidor

Mas, se é o lado do consumidor que é observado, é sobretudo o aspecto escravo que aparece: "depende-se" do consumo como de uma droga; o indivíduo torna-se dependente como um escravo, é moldado pela publicidade onipresente. É preciso de fato reconhecer que a publicidade, como fonte de financiamento, ocupa um lugar estratégico nas mídias e que a mensagem antropológica que dela emerge costuma ser psicologicamente muito sutil: "consumo, logo existo"; ou ainda: "se consome determinado produto

25. É significativo que os dois visionários do século XX que foram A. HUXLEY *(Le meilleur des mondes*, Paris, Plon, 1953) e G. ORWELL (*1984*, Paris, Gallimard, 1950) abordassem, respetivamente, a biotecnologia e os meios de comunicação ao "prever" o risco de totalitarismo que essas tecnologias poderiam comportar.

de determinada marca, você tem acesso a todas as qualidades que a publicidade consegue associar a determinado produto". É grande o risco de "produzir" pessoas muito dependentes e conformistas ou que podem vender sua liberdade por um gozo apresentado como libertador, mas que na realidade é um ídolo que as reduz tanto em dependência como em escravidão. Demissão, resignação. Sem dúvida, a atitude não é partilhada por todos, mas a tentação é real e, no espírito de alguns, trata-se verdadeiramente de um projeto de tecnologia do humano.

3. A mundialização e o limite

Quanto à "mundialização" do capitalismo, ela designa por certo uma extensão máxima, mas significa também o limite. "Só temos uma Terra", exclamam os ecologistas.

Que relação estabelecer com o limite? Também aí as duas atitudes opostas e patológicas do senhor e do escravo, numa recusa da condição finita de criatura, marcam a humanidade: negação do limite, como o ilustram os prejuízos, ou submissão ao limite e resignação, como o atestam algumas políticas demográficas. O senhor e o escravo. Qual seria a atitude da criatura autêntica? O limite, a finitude e a contingência são os próprios lugares de abertura à transcendência. Em outros termos, o limite, que a mundialização faz viver de maneira muito concreta e dramática, pode ser a ocasião de abrir-se, de passar ao outro, de partilhar.

4. A concorrência

Podemos também desenvolver nesse contexto teológico do Gênesis uma reflexão sobre a concorrência que é, apesar de tudo, uma marca fundamental e exacerbada do capitalismo mundializado. Ela nos confronta com o limite, com a morte, com o outro... não como irmão ou irmã, mas como rival, numa luta que, se não é controlada, leva à morte.

Assim, a concorrência tem também algo a ver com nossa condição mortal, recordada em seu limite e em sua finitude, e com o conceito de raridade, tão fundamental em economia. Ela pode ser invasiva e, então, explodir numa violência homicida em que todos os golpes são permitidos e em que qualquer coisa é justificada em nome da legítima defesa. É a abolição da ética.

Mas, ao contrário, a abolição da concorrência pode desembocar no reinado do monopólio, dos privilégios, da renda e, assim, na ilusão de não ser finita nem limitada; em suma, de ser senhor-deus.

Portanto, é preciso ao mesmo tempo reconhecer a realidade da concorrência, na medida em que significa finitude, e, não obstante, impedi-la de tornar-se a lei social — ora, tem-se a impressão de que, entre os economistas como Schumpeter, a concorrência é uma lei constitutiva. A concorrência exprime nossa condição mortal aperfeiçoável, aprimorável. Mas não podemos fazer disso uma lei: a morte não é nosso horizonte último. O mesmo acontece com a concorrência como limite. Não podemos negá-la nem submeter-nos a ela, que é passagem a outra coisa: uma melhor condição.

5. De que teologia tratar diante da economia? Rumo a uma relação de filiação

Por que os católicos costumam sentir-se pouco à vontade diante da mundialização triunfante? Essa atitude é freqüentemente interpretada do seguinte modo: foi uma teologia da redenção, do pecado a resgatar, que inspirou a mentalidade católica diante da economia. O dinheiro é duvidoso, a riqueza, vergonhosa, o controle, suspeito, a busca do lucro, inaceitável etc. Em suma, não se trata de uma condenação da criação? A teologia da libertação seria, tal como um último avatar, a expressão extrema dessa tendência: ela faria soar uma espécie de condenação à morte do capitalismo.

Por outro lado, sob o efeito da emancipação da psicologia e da secularização, a desculpabilização torna-se geral, tanto da sexualidade como da economia. É bom usufruir; viva a criatividade; a bondade dos bens da terra e, portanto, a riqueza acaso não são uma bênção na antiga aliança? Acreditemos em primeiro lugar, em outras palavras, deixemos os fortes desenvolverem seus talentos e gozemos de sua contribuição bem merecida, já que foram eles que criaram.

Subjaz a essas duas tendências aqui esquematizadas uma questão muito profunda: qual o estatuto da liberdade? No catolicismo, não se tentou às vezes suprimir a liberdade para que não se fizessem "bobagens" e não se cometessem "pecados"? Pseudoteologia da redenção, que nega o risco que Deus assumiu pela criação, obsedada que está pelo pecado (dimensão do escravo).

Contudo, não é uma boa teologia da criação deixar o homem seguir uma pseudoliberdade que não passa do mundo pulsional; seja no consumo, em que se arrisca a alienar-se como um escravo, seja na produção, em que age como senhor e aprendiz de feiticeiro: "que serve ao homem ganhar o mundo inteiro se perde a própria vida?" (Mt 16,26). Não é mais a liberdade que administra para todos a criação em nome de Deus Pai.

Para resumir, diante da economia, essas pseudoteologias introduzem na reflexão o par senhor–escravo: o escravo que se submete e nada ousa empreender por medo de fazê-lo mal, o senhor que concebe a liberdade como algo fechado em si mesmo, que não deve nada a ninguém e não é responsável por ninguém. Encontram-se aí as atitudes dos dois filhos na parábola do Pai misericordioso em Lucas 15. O caçula que reclama sua herança e parte para longe quer emancipar-se rompendo com toda referência, estabelecendo-se como senhor; o primogênito, submisso, assume a figura do escravo. Nem um nem outro mantêm uma relação de filho com o pai. Ora, não se trata de senhor ou de escravo, mas de descobrir-se filho ou filha do Pai em Jesus. Herdamos a criação que nos foi confiada, mas devemos encarregar-nos disso segundo a liberdade... dos filhos de Deus.

Com efeito, Jesus veio revelar-nos que o Deus criador é, graças a ele, nosso Pai. Assim, não somos senhores nem escravos, mas criaturas, em Jesus, filhos e filhas do Pai, como o diz São Paulo (cf. Rm 8,14-17; Gl 3,28). Somos destinados a partilhar a plenitude de Deus, se nos aceitamos como filhos de Deus. Essa revelação faz de tudo e de todos irmãos e irmãs. Reaparece aqui a amplitude da exigência ética da universalidade: a criação é destinada a todas e a todos — pensemos na destinação universal da propriedade — porque são filhos do mesmo Pai. De igual modo, volta a emergir a exigência da integralidade: a liberdade dos filhos de Deus deve ser respeitada. Vemos como a Bíblia se une à ética, aprofunda-a de forma singular e a torna assim realizável.

C. Em nome do Filho

Com os textos "eucarísticos" nos evangelhos — por exemplo, no evangelho de Lucas[26] —, é possível dar um passo a mais[27]. Podemos discernir nesse âmbito o sentido teológico do agir em economia. Com efeito, na Última Ceia, em que celebra com os discípulos a refeição pascal (cf. Lc 22,7.16)[28], Jesus diz: "este é meu corpo que será dado por vós; fazei isto em memória de mim" (Lc 22,19). O "isto" designa o pão ázimo da Páscoa judaica[29]. Mas o texto de Lucas, como os relatos paralelos dos outros

26. Lucas 22,1-38. É importante observar que, nesse contexto eucarístico, mistério central do cristianismo, volta a temática do poder, da dominação e, portanto, do que denominamos o controle (cf. Lc 22,24-27).
27. As reflexões a seguir inspiram-se num curso (EUFAC: Fondement eucharistique de l'agir chrétien) do padre J.-M. Hennaux, SJ, dado no Institut d'Études Théologiques de Bruxelles, em 1972-1973.
28. Cf. J. A. Fitzmeyer, *The Gospel According to Luke (X-XXIV)*, New York/London/Toronto/Sydney, The Anchor Bible/Doubleday, 1985, p. 1389-1390 (col. Anchor Bible, n. 28A).
29. Cf. ibid.

evangelhos, não se refere apenas à Páscoa judaica; repercute também um eco da liturgia cristã da Eucaristia.[30] Nesse novo contexto, o pão deixa de designar somente o pão ázimo do rito pascal judaico, mas pode carregar-se de outras conotações e representar toda a criação, dom de Deus e trabalho do homem: "tu, que nos dás esse pão, fruto da terra e do trabalho do homem", diz o texto da liturgia eucarística atual.

Mas, de acordo com essa perspectiva do trabalho, produzir é então, mediante as coisas produzidas, entregar-se aos outros e consumir é acolher o dom do outro por meio da criação[31]. Trocar bens e serviços no mercado, no comércio ou nas finanças é trocar-se por intermédio dos bens da criação. Há aqui um vínculo com o voto inscrito na criação: por meio dela, o próprio Deus se entrega e nos convida a fazer o mesmo. Mas é também uma enorme exigência: o mundo da economia deve ser organizado de tal maneira que permita às pessoas se intercambiar, isto é, amar-se, e não explorar-se e exercer domínio sobre outras numa relação de senhor e escravo[32]. Ora, o que é extremamente significativo, no capítulo 13 do evangelho segundo São João, que simboliza a atitude eucarística de Jesus, este se apresenta como o Senhor (amo) que se torna livremente o Servo (escravo) ao lavar os pés de seus discípulos (Jo 13,1-20). Trata-se claramente de uma superação da dialética senhor–escravo. Essas reflexões podem parecer piedosos pensamentos desconectados do real. Apesar disso, é interessante observar que, segundo a grande historiadora da Idade Média Régine Pernoud, foi precisamente a celebração da Eucaristia que levou progressivamente as comunidades cristãs no Império Romano a não aceitar mais a escravidão, a reconhecer as mulheres como dotadas de um estatuto próprio e as crianças como portadoras de uma dignidade independente da vontade do pai de família. Tal impacto da Eucaristia foi evidentemente avaliado pelo decorrer dos séculos.

Poderíamos refletir longamente sobre as implicações éticas desses textos de hoje: sobre trabalho, estilo de consumo, orientação da produção etc. No que se

30. Cf. ibid., p. 1393.

31. Há uma magnífica alegoria dessa idéia no filme *A Festa de Babette*, baseado num romance de Karen Blixen.

32. Toda a reflexão do P. G. Fessard, SJ, consiste em pôr em evidência na história das sociedades humanas a influência de *duas dialéticas opostas*: a do senhor e do escravo e a do homem e da mulher. Essa última é evidentemente, ao contrário da outra, animada pelo amor e pelo dom recíproco de que a Eucaristia é o centro. Cf. G. Fessard, *De l'actualité historique*, Paris, Desclée de Brouwer, 1959, 2 v. (col. Recherches de philosophie, n. 5 e 6).

refere à mundialização, essa teologia da Eucaristia tem como horizonte a participação na construção do corpo de Cristo: tarefa eminente, mas também exigente.

Uma abordagem mais formal é proposta também ao espírito: a mundialização do capitalismo pretende unir a humanidade segundo a regulação do mercado[33]; a Eucaristia anuncia também uma unidade de toda a humanidade, mas em torno de Cristo. No mercado, a moeda desempenha um papel de "mediador universal"; na Eucaristia, Cristo é o único mediador[34]. Como dissemos na introdução, essas duas dinâmicas se tocam, no mínimo por sua proposição de unificar a humanidade.

D. Em nome do Espírito

Por fim, é possível, como o faz a Comissão "Justiça e Paz" da França, inspirar-se nos dois relatos bíblicos de Babel e de Pentecostes[35] para esclarecer o desafio cultural da mundialização.

De acordo com o relato da torre de Babel (Gn 11,1-9), sob o impulso de uma vontade de poder, os homens querem construir uma torre que chegue ao céu, símbolo do Senhor, domínio do divino. A vontade de poder, associada à uniformidade da linguagem — uma língua única e palavras únicas (Gn 11,1) —, tem por conseqüência a impossibilidade da comunicação[36]. A sociedade humana emerge nivelada, reduzida, fragmentada. Poderíamos segundo esse texto interpretar a situação de nosso mundo em 11 de setembro de 2001: ausência de compreensão entre culturas e, até mesmo, confronto.

Em contrapartida, de acordo com o relato de Pentecostes nos Atos dos Apóstolos (At 2,1-13), os discípulos reclusos e tomados pelo medo diante da Ressurrei-

33. É preciso recordar aqui a idéia de Adam Smith (1723-1790), da qual se pode extrair a sentença: "que cada um aja segundo seus interesses (no mercado) e, como por uma mão invisível, se atingirá o bem de todos". Cf. A. Smith, *Recherches sur la nature et les causes de la richesse des nations*, Paris, Flammarion, 1991 (col. Garnier-Flammarion, n. 626).

34. Fala-se com freqüência que Jesus condena o dinheiro, o que é inteiramente falso. A passagem de Mateus 6,24 é clara a esse respeito: "Ninguém pode servir a dois senhores [...]. Vós não podeis servir a Deus e ao Dinheiro". Em outras palavras, embora o dinheiro seja útil, não é preciso justamente que se torne "senhor". Encontramos toda a problemática: não inverter meio e fim, não cair na idolatria. Além disso, uma mesma perspectiva vale para a riqueza em geral.

35. Commission Justice et Paix – France, *Maîtriser la mondialization*, Paris, Centurion/Cerf, 1999.

36. Cf. Gênesis 11,3, em que cada um diz a seu companheiro a mesma coisa, com as mesmas palavras. Cf. A. Wénin, *Actualité des mythes.* Relire les récits mythiques de Genèse 1-11, Namur, Centre de formation Cardijn, 1993, p. 62.

ção (cf. Jo 20,19), como escravos, tornam-se capazes, pelo poder do Espírito, de testemunhar e comunicar a Boa Nova ao "mundo inteiro", segundo uma autêntica mundialização. O Espírito é o "comunicador" entre o Pai e o Filho, está na origem da encarnação de Jesus em nosso mundo e em Pentecostes, está no nascimento da Igreja destinada a comunicar a Boa Nova a todas as culturas. Para permanecer fiel a nosso esquema, podemos formular as coisas da seguinte forma: entre o senhor e o escravo não há nenhuma compreensão e (auto)comunicação. Em compensação, o Espírito, que une a humanidade de todas as raças e culturas na filiação comum em Jesus, dá por isso mesmo a capacidade de comunicar: todos são filhos de um mesmo Pai. Só é possível construir uma verdadeira mundialização, desse ponto de vista das culturas, no âmbito cultural; os homens sentem que pertencem a uma unidade mais universal e mais profunda: da perspectiva ética, podemos falar do humano no homem que realiza essa unidade mais profunda e, da ótica da Bíblia, essa é justamente a pertinência à família do Pai em Jesus pelo Espírito. Este universaliza, aprofunda, globaliza a encarnação de Jesus que se tornou próximo de nós na condição humana e, por conseguinte, também singular. O Espírito tem a missão, com a Igreja, de tornar Jesus ressuscitado presente e atuante no mundo total: em todos os tempos, aí incluídos o futuro e o passado, em todos os espaços, nos mundos culturais, tais como os simbolizados por Pentecostes, assim como em nossos mundos psíquicos, esses "continentes imensos": os de nossa vida interior.

A compreensão universal e, portanto, a unidade se elaboram com base na diversidade e, por conseguinte, na singularidade. Isso vai ao encontro de nossa proposta ética, em que afirmamos que deve ser efetuado um discernimento na cultura a fim de ver o que nela é humanizado ou humanizável segundo a universalidade e a integralidade, pois cada cultura tem como tarefa fornecer raízes e finalidades[37]. Mas isso pode ser feito de maneira negativa, infelizmente, como o atestam o nazismo (senhor) e o comunismo marxista (escravo).

Em suma, tentamos mostrar que a Bíblia como história da salvação, como Aliança, se aproxima dos objetivos da mundialização ao ir ao encontro dos desafios éticos desta, que reunimos sob a temática do controle, da dialética do senhor e do escravo. Mas a história da salvação não apenas esclarece como transforma realmente a condição humana: os seres hu-

37. J. LADRIÈRE, *Les enjeux de la rationalité.* Le défi de la science et de la tecnologie aux cultures, Paris, Aubier-Montaigne/Unesco, 1997, p. 197.

manos tornam-se filhos do Pai e, portanto, irmãos e irmãs; a história da salvação capacita assim a humanidade a reedificar o desafio ético da mundialização.

Mas, para tornar-se historicamente real, essa transformação deve realizar-se num engajamento concreto e político: no agir.

IV
Agir: transformar o capitalismo mundializado

Resta uma última etapa a percorrer, a do engajamento, do agir. Reencontra-se nesse contexto, de imediato, a problemática do senhor e do escravo. Com efeito, quando se trata de situar-nos diante do processo da mundialização, somos tentados pela onipotência — "basta apenas..." — ou pela impotência — "nada podemos fazer; é muito complexo; ultrapassa-nos". Ora, a verdadeira tarefa ética consiste em avaliar os trunfos de que se dispõe em capacidades e em espaços de liberdade; é essa a atitude requerida na multiplicação dos pães, símbolo da Eucaristia (Mc 6,30-44): "Quantos pães tendes? Ide ver" (Mc 6,38).

Percorreremos algumas situações típicas que indicam um caminho possível entre a ilusão de onipotência e a resignação à impotência, um caminho que visa a transformar a mundialização, a controlá-la, desta vez no sentido positivo de ordená-la segundo os critérios éticos enunciados anteriormente.

a) No plano pessoal, cada um pode interrogar-se acerca de seu estilo de vida cotidiano, levando em conta que certo estilo de vida, de tipo consumista ou produtivista, não é universalizável. Esse discernimento está ao alcance de todo mundo, mas pode levar bem longe, visto que suas repercussões políticas podem ser consideráveis. Um discernimento desse tipo pode referir-se à orientação de uma carreira profissional ou à opção de um estilo de vida familiar ou comunitário. Também é possível interrogar-se sobre as solidariedades efetivas... o que nos conduz ao segundo nível.

b) Num plano já mais social, associativo, algumas pessoas e grupos "inventaram" procedimentos, maneiras de fazer, comportamentos capazes de superar os impasses da mundialização neoliberal. Pensemos, por exemplo, na Comunidade Santo Egidio, a serviço do regulamento dos conflitos, naqueles que inventaram os bancos que concedem microcréditos, na organização Max Havelaar para o comércio eqüitativo, nos religiosos franceses que fundaram as primeiras associações de investimento ético, mas também em todos os movimentos e associações que lutam por uma mundialização diferente. Esse engajamento exige um amplo discernimento, às vezes com muitas tentativas, para apreender as verdadeiras dinâmicas do que se chama hoje a "sociedade civil".

c) Outros trabalham intelectualmente para mudar as mentalidades ou propor procedimentos e instituições novas e mais justas. Trata-se de uma tarefa fundamental. Assim, alguns professores belgas[38] elaboraram um plano crível e realizável de perdão de dívidas e de ajuda a 49 países muito pobres. Outros refletem sobre as possibilidades de suspender impostos a serviço do bem comum mundial (na linha de João XXIII, Paulo VI e João Paulo II). Por exemplo, a discussão mantida em torno da Taxa Tobin. Essas perspectivas parecem ainda distantes, até irrealizáveis, mas esboçam uma orientação para que se acredite que o bem comum, na mundialização, passa a situar-se igualmente nesse nível.

d) Por fim, no plano "mundial" e supranacional, os "profissionais" são sem dúvida responsáveis, mas também os cidadãos que, com seus votos, marcam a política de seu Estado. Para mudar as instituições internacionais, como a Organização das Nações Unidas (ONU), o Fundo Monetário Internacional (FMI) e a Organização Mundial do Comérico (OMC), é necessário ter em mente que esses organismos costumam ser a emanação dos Estados que, por seu turno, dependem de sua opinião pública. A responsabilidade dos cidadãos é exigente. Em virtude da distância, da ambigüidade, da ineficácia dos organismos internacionais, aparece a tentação de cruzar os braços. Mas as soluções alternativas são com freqüência perniciosas e violentas, como fechamentos nacionalistas, unilateralistas ou militaristas.

Num nível europeu, a reforma da Política Agrícola Comum (PAC, na Europa) depende também dos eleitores. Essa política dificulta o acesso ao mercado mundial dos agricultores do sul. As estatísticas mostram que a baixa dos subsídios à agricultura na Europa e nos Estados Unidos ajudaria mais os países pobres do que as ajudas dadas pelo norte ao sul. Mas seria preciso então inventar novas solidariedades com os agricultores do norte.

38. L. Berlage, D. Cassimon, J. Dreze, P. Reding, PAIR. Une proposition pour la relance de l'aide au développement et pour une solution globale au problème de la dette des pays les plus pauvres, in J. Delcourt, P. de woot (orgs.), *Les défis de la globalisation.* Babel ou Pentecôte?, Louvain-la-Neuve, UCL Presses, 2001, p. 121-168.

Neste tempo em que a mundialização constitui um assunto constante, os processos de coordenação e de cooperação supranacionais deveriam primeiramente ser elaborados no plano das grandes regiões (Europa e África, Ásia, Américas) antes de desembocar na mundialização propriamente dita. Nesse sentido, a União Européia constitui de fato um laboratório.

No entanto, se se tentam reunir os desafios encontrados por esses tipos de ação, parece que a crescente desigualdade entre "competitivos" e os que não o são é onipresente. Desse modo, muita coisa repousa na disposição dos privilegiados à solidariedade. Por exemplo, para tornar o trabalho dos não-qualificados menos caro nos países ricos, baixando os encargos sociais, é necessário financiar de outra forma a seguridade social... — o que acarreta necessariamente, de uma maneira ou de outra, a partilha e a redistribuição da renda. O mesmo acontece, e ainda mais no nível mundial (norte-sul), nos debates relativos ao perdão das dívidas. Além da colaboração internacional, é necessária muita esperança para acreditar nela: a Bíblia nos encoraja a isso[39].

Nestas poucas páginas sobre o engajamento, tentamos apenas indicar possibilidades de ação em diferentes níveis individuais e coletivos[40], sem cair na ilusão da onipotência ou da impotência. Entre o "tudo" e o "nada", há a aceitação da escolha do Cristo que se encarnou em nossa condição histórica[41].

Conclusão

Abordamos a mundialização e a Bíblia como duas dinâmicas que, cada uma à sua maneira, tendem à universalidade e, portanto, à unificação da humanidade. De

---

39. O sopro de universalização é inegável em toda a Bíblia e Jesus impele a dinâmica até o fim, em particular com a parábola do bom samaritano em Lucas 10,29-37. A finalidade ética e espiritual desse agir é o horizonte de um reino das liberdades reais e dos filhos do Pai. Mas as modalidades dessa ação são muito diferentes. A ação depende intensamente das circunstâncias sociais e políticas nas quais se desenrola. Alguns chegam a pensar que a ação mais significativa dos cristãos consistiria para estes em reunir-se em "comunidades de contraste", testemunhando já aqui o reino por vir: o modelo seria a comunidade primitiva de Jerusalém depois da morte e da ressurreição de Jesus. Cf. Atos 2,42-47.

40. A Igreja Católica demorou para conceptualizar a parte "estrutural" do agir social. De fato, há uma grande distância do conceito de "estruturas de pecado", introduzido por João Paulo II em *Sollicitudo Rei Socialis* (1987): JEAN-PAUL II, Encyclique *Sollicitudo Rei Socialis* sur la question sociale du développement, 36, *Cahiers pour croire aujourd'hui,* 12 (1º mar. 1988) 53.

41. Duas belas parábolas ilustram essa atitude: a parábola da boa semente e do joio, que é preciso deixar crescer juntos (Mt 13,24-30), e a dos talentos em que cada um é chamado a fazer o que pode segundo o que recebeu (Mt 25,14-30).

forma muito esquemática, seria possível dizer que uma procede segundo a lei do mercado e a outra, segundo a "lei" de Cristo na Eucaristia, mistério central da história da salvação. Percebe-se de imediato a extrema heterogeneidade das duas dinâmicas e, ao mesmo tempo, a forçosa evidência de que elas não podem se ignorar, visto que dos dois lados está em jogo o destino da humanidade. Foi por essa razão que escolhemos a ética como mediação entre a mundialização e a Bíblia.

K. Polanyi[42] defende a tese segundo a qual, há um milênio, a lógica do capitalismo atua impondo o mercado como regulador primordial das outras regulações sociais. Essa leitura se mostra ainda mais adequada à etapa histórica presente, a do capitalismo em vias de mundialização desde a queda do muro de Berlim em 1989. Observando-se a dinâmica de destruição criativa descrita por Schumpeter, parece sem dúvida que ela possui uma eficácia real, mas esse valor instrumental deve ser posto a serviço de uma finalidade ética realmente humana: promover todos os homens (universalidade) e todo o homem (integralidade). Deixada a si mesma, a destruição criativa é cega, anárquica e submissa à alienação da dialética senhor–escravo. Ela engendra então desigualdades, injustiças e manipulações. Do ponto de vista ético, vimos que se pode tomar o capitalismo mundializante como um fim, enquanto ele não passa de um meio a serviço, como diria A. Sen, da liberdade real de todos e de cada um.

A Bíblia se apresenta, segundo uma leitura cristã, como uma história de aliança entre Deus e a humanidade em Cristo. Ela diz respeito, como a mundialização, a toda a humanidade e a chama à unidade do reino. É decisivo perceber que essa aliança não é uma espécie de "superestrutura" que flutua desencarnada acima de nossa vida concreta; uma espiritualidade para almas puras. Não se trata de fugir de nossa condição corporal, pois esta, com todo o trabalho econômico que pressupõe, está destinada à ressurreição.

Por sua encarnação, Cristo veio "misturar-se" com a espessura de nossa história, até com a etapa atual da mundialização. Trata-se sobretudo de transformar um espírito de "controle" (no sentido negativo) num espírito de "serviço" (mas que é o verdadeiro controle) segundo o Espírito de filiação de Cristo[43]. A lei da encarnação significa porém que a mudança não se faz por magia, mas à custa do engajamento de cada um ao ritmo da história das liberdades e dos talentos (cf.

42. K. Polanyi, *La grande transformation*, Paris, Gallimard, 1983.
43. Cf. João 13,1-20; Filipenses 2,6-11; as Bem-aventuranças em Mateus 5,1-12.

Mt 25,14-30) individuais. Desse modo, a mudança é também "obra" nossa. Por conseguinte, é justo criticar severamente a mundialização, mas recordando que ela é chamada a participar da construção do corpo de Cristo. Em última instância, com toda a sua complexidade estrutural, a mundialização capitalista será submetida ao "Juízo Final" (cf. Mt 25,31-46): "sempre que o fizestes a um dos menores de meus irmãos, foi a mim que o fizestes" (Mt 25,40). Eis a universalidade concreta à qual a mundialização é convidada: a ética e a Bíblia se reúnem nesse âmbito.

Os autores

Joëlle Ferry, xavierana

Mestre em Letras Clássicas. Aluna titular da École Biblique et Archéologique Française de Jérusalem. Doutora em Teologia (1992, Institut Catholique de Paris) e em História das Religiões – Antropologia Religiosa (1992, Paris IV-Sorbonne). Professora de Exegese do Antigo Testamento no Institut Catholique de Paris (1989-). Autora de *Illusions et salut dans la prédication prophétique de Jérémie* (Walter de Gruyter, 1999) e *Les livres des prophètes. 2. Ézéchiel, Daniel, les douze petits prophètes: commentaire pastoral* (com J. M. Asurmendi e A. Fournier-Bidoz, Bayard, 1999). Membro da equipe de tradução de *La Bible de la liturgie* e do comitê de elaboração dos *Cahiers Évangile* (1997-).

Maurice Gilbert, SJ

Doutor em Ciências Bíblicas (Roma). Professor de Exegese do Antigo Testamento na Université Catholique de Louvain (1971-1978), no Institut Biblique Pontifical (1975-1993, 2000-) e na École Biblique et Archélogique Française de Jérusalem (1984-1993, 1999-). Reitor das Facultés Universitaires Notre-Dame de la Paix, em Namur (1993-1999). Autor de *La critique des dieux dans le livre de la Sagesse* (Institut Biblique Pontifical, 1973); *Les louanges du Seigneur. Commentaire pastoral et spirituel des Psaumes du dimanche e des fêtes* (Desclée, Edime international, 1991); *Il a parlé par les prophètes. Thèmes et figures bibliques* (PUN, Lessius, 1998); *Les cinq livres des sages* (Cerf, 2003). Editor científico de *La sagesse de l'Ancien Testament* (Peeters, University Press, 1990); *M.-J. Lagrange, L'Écriture en Église* (Cerf, 1990); *M.-J. Lagrange, Exégète à Jérusalem* (Gabalda, 1991). Revisor da *Bible de Jérusalem* (1998).

Édouard Herr, SJ

Mestre em Ciências Econômicas (FUNDP). Doutor em Teologia (Louvain-la-Neuve). Professor na Faculté des Sciences Économiques das Facultés Universitaires Notre-Dame de la Paix, em Namur (1990-), e no Institut d'Études Théologiques, em Bruxelas (1987-). Diretor do Institut d'Études Théologiques, em Bruxelas (1994-2000). Autor de *Situation de l'éthique en politique. Présentation de l'enseignement de l'Église catholique sur la paix et la guerre* (Centre d'étude de défense [Bruxelas], 1984); *La violence, nécessité ou liberté?* (Culture et vérité, 1990); *Sauver la paix. Qu'en dit l'Église?* (Culture et vérité, 1991); "La mondialisation: pour une évaluation éthique", em *Nouvelle revue théologique*, janeiro-março de 2000; "La nouvelle économie": une évaluation éthique", em *Nouvelle revue théologique*, abril-junho de 2001.

Étienne Perrot, SJ

Doutor em Ciências Econômicas. Professor de Economia na École Supérieure d'Agriculture de Purpan, em Toulouse (1976-1988), de Ética Econômica na Faculdade des Sciences Sociales et Économiques de l'Institut Catholique de Paris (1988-2003) e no Centre Sèvres de Paris (1993-2003). Membro do Comitê Científico e Ético do Observatório do Samu Social de Paris (1998-2001). Autor de *Discerner et agir dans la vie professionnelle* (Assas-éditions, 1993); *Le chrétien et l'argent* (Assas-éditions, 1994); *La séduction de l'argent* (Desclée de Brouwer, 1996); *L'argent* (Salvator, 2002). Colaborador das revistas *Études*, *Projet* (Paris) e *Choisir* (Genebra).

Justin Taylor, SM

Estudante de Filosofia e de Teologia na Nova Zelândia. Mestre em Artes. Doutor em Filosofia (história). Bachelor of Divinity (Cambridge). Professor no Seminário e na Université de Nouvelle Zélande (1974-1988) e na École Biblique et Archéologique Française de Jérusalém (1988-). Autor de *Les Actes des deux apôtres. Commentaire historique* (Gabalda, 3 v.: 1994, 1996, 2000); *Essai sur les origines du christianisme. Une secte éclatée* (com É. Nodet, Cerf, 2003). Autor de artigos sobre a história da Igreja, o Novo Testamento e os Atos dos Apóstolos (notadamente em *The International Bible Commentary*).

Françoise Mies

Pesquisador qualificado (Bíblia, filosofia) do Fonds National de la Recherche Scientifique (FNRS) nas Facultés Universitaires Notre-Dame de la Paix, em Namur (1996-).

Este livro foi composto nas famílias tipográficas
Rotis Sans Serif, Sanvito e *Times New Roman*
e impresso em papel *Offset 75g/m²*

Edições Loyola

editoração impressão acabamento

rua 1822 nº 347
04216-000 são paulo sp
T 55 11 6914 1922
F 55 11 6163 4275
www.loyola.com.br